동경대전
東經大全

동
학
네
오
클
래
식
01

동경대전

東經大全

윤 석 산 역주

도서출판 모시는사람들

『동경대전』이 한글로 번역이 된 지는 꽤나 오래되었다. 1960년대쯤 천도교중앙총부에 의하여 번역되어 출간이 되었으니. 그러나 반세기가 더 지난 오늘의 『동경대전』은 그때와 비교해 변화가 거의 없다.

현대는 참으로 그 세대의 폭이 좁아진 듯하다. 다시 말해 몇 년이 지나지 않아 급변하고, 세대 차를 느끼고, 하는 말조차도 서로 소통이 안 되는 일이 허다하니 말이다. 그러니 반세기 이상 그 번역에 있어 별 차이를 갖지 못했다면, 이는 구문도 너무 오래된 구문이 아닐 수 없다.

나는 1990년대부터 『동경대전』을 쉽게 풀어 쓰는 작업을 해 왔다. 처음에는 『동경대전』이라는 경전의 깊은 뜻을 풀어내는 데에만 골몰을 해서, 그 해석이 장황하게 된 점이 없지 않아 있었다. 그런가 하면, 오류 또한 있었다.

도서출판 모시는사람들이 이제 동학 저술의 전문 출판사로 자리를 잡아가고 있고, 『동경대전』 등 동학의 주요 경전과 역사의 원전을 기획 출간하고 있다. 본 주해서 역시 그 일환으로 출간이 되는 것이다. 그 간의 작업을 바탕으로 새롭게 해석을 하고자 했다.

오늘의 젊은 사람들이 읽을 수 있는, 그래서 좀 더 쉽게 일반인에게 다가갈 수 있는『동경대전』주해서가 되기를 심고드리며, 머리글에 대신한다.

2014년 새봄

撫月軒 主人 尹 錫 山 心告

차례

동경대전 東經大全

포덕문
(布德文)

「포덕문」은 수운 선생이 한울님으로부터 무극대도(無極大道)를 받은 이후 처음으로 쓴 글이다. '포덕(布德)'이란 '한울님 덕을 세상에 편다.'는 의미이다. 「포덕문」은 세상 사람들이 한울님의 덕으로 태어나 살아간다는 가르침을 담고 있다. 나아가 이제 쇠운의 선천 시대가 지나고, 성운의 후천 시대가 열렸음을 세상에 선포한 글이다. 특히 한울님으로부터 주문과 영부를 받는 과정과 그 의미가 표현되어 있다.

포덕문(布德文)

盖自上古以來 春秋迭代[1] 四時盛衰[2] 不遷不易 是亦 天主[3]造化之迹[4] 昭然于天下也 愚夫愚民 未知雨露之澤[5] 知其無爲而化矣[6]

하늘과 땅이 처음 열리던 먼 옛날부터 봄, 여름, 가을, 겨울 네 계

---

1 계절이 서로 바뀌며 대대로 이어져 내려간다. '질(迭)'은 '바뀌다', '대(代)'는 '갈아들다' '대대로 이어지다'의 두 뜻이 있다.

2 계절의 성함과 쇠퇴함. 봄의 기운이 가장 왕성해지면 이내 여름이 오고, 또 여름의 기운이 가장 왕성해지면 머지않아 이 기운이 쇠퇴해져서 서늘한 가을이 온다는 자연의 법칙을 말한다. 따라서 세상의 모든 만물은 이 성쇠의 법칙에 따라 변하고 순환한다.

3 천도교에서는 '한울님'이라고 부른다. 그러나 한문으로 번역하여 표기할 경우에 '천주'로 썼다. 천도교의 모든 기록 중, 한문 기록에는 '천주'로 되어 있고, 한글 또는 국한문혼용의 기록에는 '한울님'으로 되어 있다. 또한 한문 기록이나 국한문 기록 모두 한울님이 자신을 칭하는 부분에서는 '상제(上帝)'로 되어 있다. 이는 곧 예부터 우리나라 사람들이 일반적으로 부르던 신(神)의 호칭이 '상제'였기 때문으로 생각된다.

4 '조화'란 온 세상 만물을 생성시키고 키우고 변화시키는 자연의 힘, 능력. 천도교에서는 이 조화는 자연의 힘인 동시에 한울님의 힘과 능력이라고 말한다. 봄, 여름, 가을, 겨울이 바뀌는 질서 정연한 순행이 천지개벽 이후 한번도 어긋난 적 없이 오늘까지 이어져 내려왔다. 이것이 바로 한울님의 힘과 능력에 의한 것이라는 의미가 깃들어 있다.

5 '미(未)'는 '부정'의 뜻. '지(知)'는 '알다'이지만, 나아가, '알아 깨달음'을 의미한다. 따라서 '미지(未知)'는 '깨닫지 못하고'로 풀 수 있다. '우로(雨露)'는 비와 이슬에서 전이되어, 자연이 우리에게 주는 혜택을 의미한다. 나아가 여기서는 조화의 힘을 지닌 한울님의 은혜 또는 그 혜택을 의미한다.

6 이때의 '지(知)'는 위에서 나온 '깨달음'이 아니라, 단순히 '알고 있다.'는 의미. '무위이화(無爲而化)'는 천도교 가르침의 요체인 '오도 무위이화(吾道 無爲而化)'와는 구분된다. 천도교의 '무위이화'는 '함이 없이 저절로 되는 자연의 작용'과 '한울님의 위대한 힘' 모두를 포함한다. 이 구절의 '무위이화'는 단순히 '함이 없이 절로 되는 자연 작용'을 의미한다. 따라서 이 구절은 '한울님 존재를 깨닫지 못한 어리석은 사람들은 자연의 조화가 한울님의 작용의 자취인 줄을 알지 못한다'는 의미이다.

절은 질서 정연하게 서로 바뀌면서 오늘까지 이어져 왔다. 봄이 깊어지면 머잖아 여름이 오고, 여름에 더위가 기승을 부리다가 어느덧 꺾이어 찬 기운이 들면 이내 가을이 오고, 가을이 깊어져 찬 서리가 내리면 이내 겨울이 오는 네 계절의 성함과 쇠함의 변화와 순환이 조금의 착오도 없이 해마다 반복된다. 이것은 곧 한울님 조화의 자취가 천하에 밝게 드러난 것이다.

그러나 세상의 어리석은 사람들은 이러한 질서 속에서 비를 내리고 또 이슬을 내려 만물이 살아갈 수 있게 하는 것이 바로 한울님의 은덕인 줄 모르고, 막연히 자연 현상이라고만 생각한다.

自五帝[7]之後 聖人以生 日月星辰 天地度數[8] 成出文卷[9]而 以定天道之常然 一動一靜 一盛一敗[10] 付之於天命 是敬天命而 順天理[11]

---

7 '오제(五帝)'는 중국 상고 시대의 다섯 명의 훌륭한 임금. 오제가 누구인지 학설이 분분하다. 오제 중에 복희씨(伏羲氏)는 팔괘(八卦)를 만들었고, 신농씨(神農氏)는 농사짓는 법과 시장(물물교환)을 가르쳤다고 한다. 그 밖에 온갖 풀을 맛보아 약초를 밝혀주고, 비파라는 악기도 만들었다. 이러한 기록으로 볼 때, 본 구절은 인류가 문화시대를 시작한 것을 의미한다.

8 해 달 별 등, 우주 천체의 운행을 측정한다는 뜻. 특히 천체 운행의 거리를 측정하는 단위를 '도(度)'라고 한다. 이 '도'에 의하여 해. 달. 별 등의 천체를 관찰하여, 이를 기준으로 절기를 나누고, 절기에 따라 씨를 뿌리고 김을 매고 또 거둬 들이어, 인류가 윤택하게 살 수 있게 되었다.

9 '문권(文卷)'은 책. 즉 천체의 운행을 관찰하고, 이를 측정하여 '책(文卷)으로 만들어(成) 냈다(出).'는 뜻이다. 이 책이 바로 '역서(曆書)이다. 이 역서에는, 천체를 구성하는 주요 요소들인 해. 달. 별 등의 운행을 추정하여 일기, 기후, 절기 등을 표시했다. 이는 농경사회에 매우 긴요한 것이다.

10 '움직임(動)과 고요함(靜)'은 만유의 내적 변화, '무성함(盛)과 쇠락함(敗)'은 만유의 외적 변화를 말한다. 따라서 우주 만상의 변화 모두'를 뜻한다.

11 한울님이 부여한 명(天命)에 의하여 만유는 살아간다 그러므로, 천명을 '공경(敬)'하고, 한울님의 섭리(天理)에 따라야 올바른 삶을 살 수 있기 때문에, 천리는 거슬리지 않아야 한다(順).

者也. 故 人成君子 學成道德 道則天道 德則天德[12] 明其道而 修其德[13] 故 乃成君子 至於至聖 豈不欽歎哉

오제 같은 훌륭한 분들이 인류 문명을 연 이래로 성인들이 잇따라 이 세상에 나타났다. 이들은 해와 달과 별 등이 움직이는 천지 도수(度數)를 헤아려보고, 이것이 우리 인간의 삶과 맺은 관계를 살펴보았다. 또 이를 글로 써서 책으로 엮어 내면서 이로써 천도(天道)의 변하지 않는 진리로 정하였다.

또한 화생하여 활동하다가 때가 되면 고요해지는 만유의 내적인 변화 작용, 그리고 성했다가 쇠락하고 다시 또 성해지는 우주의 외적 변화 작용 모두를 천명에 부쳐서 살펴보고, 만리를 하늘 이치에 따라 이해하고 만사를 하늘의 명에 따르고자 하였다.

그러므로 천명을 공경하고 천리에 따라 사는 사람은 군자가 되었고 그 학문은 도와 덕을 이루었으니, 도는 곧 하늘의 도이고 덕은 곧 하늘의 덕이다. 그 도를 밝히고 덕을 닦아서 군자가 되고 지극한 성인의 경지에 이르니, 어찌 기쁘고 공경스럽지 않겠는가.

---

12 '도덕(道德)'을 '도'와 '덕'으로 나누어 다시 설명한다. '천도'는 만물이 태어나고 자라게 하는 근본 이치이며, '천덕(天德)'은 그 천도가 세상에 드러나게 하는 공덕이다.

13 '도'는 만물을 낳고 또 키우는 근본 이치, 곧 천도이므로 '밝혀서(明)' 아는 것이며, '덕'은 이 천도가 드러나는 공덕이기 때문에 '닦아서(修)' 얻는 것이다. 이 천도는 그대로 사람에게 적용되어, 사람이 사람답게 살아가기 위하여 지켜야 할 '도리(道理)'를 뜻하며, 천덕은 사람의 삶에 적용되어, 이 도리를 지키기 위하여 실천 궁행해야 할 덕행(德行), 덕목(德目)이 된다.

又此挽近以來 一世之人 各自爲心[14] 不順天理 不顧天命 心常悚然 莫知所向矣

이 근래에 이르러서, 온 세상 사람들이 자기 자신만을 위하고 제멋대로 행하고자 하는 각자위심(各自爲心)으로 살아가고 있다. 이렇듯 천리를 따르지 않고 또 천명을 돌아보지 않는 삶을 살아가니, 이러한 세태를 바라보는 내 마음이 항상 두렵고 불안하여 어찌 해야 할지 알지 못할 뿐이다.

至於庚申 傳聞西洋之人 以爲天主之意 不取富貴 攻取天下 立其堂 行其道 故 吾亦有其然豈其然之疑

경신년(1860)에 이르러, 세상에 떠도는 말이, '서양 사람들은 천주의 가르침에 따라 부귀는 취하지 않는다고 하면서, 한편으로는 군대(軍隊)를 보내어 중국을 공격하여 점령하고, 교당을 세우고 가르침을 펼친다.'고 한다. 이러한 말을 들으며, 과연 그러한가, 어찌 침략을 하여 빼앗고, 그 자리에 교당을 세워 도를 펴는 것이 옳은 일

---

14 '각자위심(各自爲心)'은 다른 사람의 입장이나 처지를 생각하지 않고 자신의 이윤만 추구하는 타락한 개인주의 내지는 이기주의를 지칭한다. 나아가, 한울님 존재를 생각하고, 한울님을 중심으로 넓고 크게 생각하는 것이 아니라, 좁고 작은 범위의 자신만을 생각하는 인간 중심의 행태이다.

인가 의심하는 마음이 들었다.

不意四月 心寒身戰[15] 疾不得執症 言不得難狀[16]之際 有何仙語[17] 忽入耳中

驚起探問則 曰勿懼勿恐[18] 世人謂我上帝[19] 汝不知上帝耶

問其所然 曰余亦無功 故 生汝世間[20] 教人此法 勿疑勿疑

曰然則 西道以教人乎 曰不然 吾有靈符[21] 其名僊藥[22] 其形太極

---

15 마음이 선뜩해지고 몸이 떨리는 것으로, 수운 선생이 결정적인 종교체험을 할 때 경험한 육체적, 정신적인 현상이다.

16 '말로는 표현하기 어려운 상태'라는 뜻으로, 몸과 마음으로 한울님 체험을 하는 순간은 일상적인 상태와는 전혀 다르기 때문에, 일상의 언어로는 표현할 수 없었다는 말씀이다.

17 대개 신선의 말, 선가(仙家)에서 쓰는 말을 뜻하지만, 여기서는 '신비한 말씀'이라는 뜻이다.

18 '구(懼)' '공(恐)'이나 모두 '두렵다', '무섭다'의 뜻. 종교학자들의 연구에 의하면, 종교체험 상태는 '극도의 두려움' 또는 '고양된 기쁨' 등의 정서를 수반한다. 따라서 수운 선생도 이러한 '극도의 두려움'을 느꼈기 때문에 한울님께서 '두려워하지 말라.' 라고 한 것이다.

19 '상제'는 도교의 천상계를 주재하는 신의 명칭. 옥황상제, 또는 상제라고 부른다. 동양에서는 일반적으로 천상계를 주재하는 신인 상제가 있다고 막연히 생각하고 있다. 한울님께서 '세상 사람들이 상제라고 부르는 그가 바로 나'라고 스스로를 설명한 부분이다.

20 한울님이 천지를 조판(肇判)한 이후에 만유를 섭렵했지만, 마땅한 기회를 얻지 못하여, 결국은 한울님 본래의 뜻인 지상천국을 만들지 못하고 선천(先天) 오만년을 경과하였다는 말이다. 그러므로 세상에 너(수운 선생)를 내놓게 되었다는 뜻이다. 한울님(신)과 수운 선생(사람)이 독립된 별개의 존재가 아니라, 서로 상대적이며 유기적인 관계에 있음을 시사하는 부분이다. 특히, 한울님의 무궁무궁한 힘도 결국 '사람(수운 선생)'을 통해서 현현되고 또 실천될 수 있다는 의미가 들어 있다.

21 신령스러운 부적. 한울님 마음과 내 마음이 한 치의 틈도 없이 '신령스럽게(靈)' '부합한 것(符)'을 말한다. 영부는 우주 만유의 생성 작용 원리인 한울님의 마음과 그 작용을 상징하는 것이다.

22 '선(僊)'은 '선(仙)'. 세상의 무슨 병이라도 고칠 수 있는 신선의 약, 불사약(不死藥) 등을 뜻한다. 한울님 마음인 영부를 얻었으니, 마음의 불사약을 얻었다는 의미에서 이렇듯 이름하였다.

又形弓弓[23] 受我此符 濟人疾病[24] 受我呪文 敎人爲我[25]則 汝亦長生[26] 布德天下[27]矣

뜻하지 않게도 경신년 4월, 마음과 몸이 스스로 진정시킬 수 없는 상태가 되면서 마음이 선뜻해지고 몸이 주체할 수 없이 떨리는 현상을 겪게 되었다. 그러나 이와 같은 증상이 어찌 하여 나타나는지 도무지 알 수도 없고, 또 그 상태를 말로써 표현할 수도 없었다. 바로 이때, 문득 어디에선가 신비한 말씀이 들려왔다.

뜻 밖의 말씀에 깜짝 놀라 일어나 조심스럽게 여쭈니, 대답하기를 "두려워하지 말고 두려워하지 마라. 세상 사람들이 나를 상제(上帝)라고 하는데, 너는 상제(上帝)를 모르느냐?"라고, 스스로 자신을 상제라고 소개하는 신비한 목소리가 들려왔다. 그래서 "어떠한 연유로 저에게 이렇듯 찾아오셨습니까?"라고 여쭈니, 대답하기를,

"나 역시 이룬 공이 하나도 없다. 그런 까닭으로 너를 세상에 내

---

23 '태극(太極)'은 우주의 근본 즉 한울님 마음을, '궁궁(弓弓)'은 한울님 마음 작용이 드러나는 자취를 뜻한다. 그러나 태극이나 궁궁의 모형은 궁극적으로 같다. 여기에 오묘한 이치가 있다.

24 '사람들을 질병에서부터 구한다.' 이때 질병은 실제의 육체적인 병고를 뜻하기도 하지만, 인간 사회의 부조리로 인한 사회적인 병리 현상을 뜻하기도 한다.

25 특히 '교(敎)'는 '가르친다'의 뜻보다는 '...로 하여금 ...하게 한다.'의 뜻으로 쓰였다고 생각된다. 따라서 '사람들로 하여금 나를 위하게 하다.'로 풀이된다.

26 무궁한 생명력은 육체의 장생불사를 뜻하는 것이 아니라, 우주의 근본이 되는 한울님 마음을 깨닫게 됨으로써, 우주의 무궁한 근본과 함께 무궁할 것이라는 의미이다.

27 '온 천하에 한울님 덕을 편다.' 세상 모든 사람들이 자신의 근본인 한울님을 깨닫고 천리와 천명에 순응하며 살아가는 세상을 이룩하는 것을 뜻한다.

어, 이 법으로 사람들을 가르치게 하려 하니, 조금도 의심하지 말고 의심하지 말라." 그래서 다시 여쭙기를, "그러면 서도(西道)로 사람들을 가르칠까요?" 하니, 대답하시기를 "그렇지 않다. 나에게 영부가 있으니, 그 이름을 선약이요, 그 형상은 태극이고 또 다른 형상은 궁궁(弓弓)이다. 이 영부를 받아 사람들을 질병의 고통으로부터 구하고, 또 이 주문(呪文)을 받아 나를 위하게 하면, 너 역시 무궁한 우주의 이치를 깨달아 우주의 무궁한 생명을 얻게 될 것이요, 온 천하에 무궁한 덕(德)을 펴게 될 것이다."

吾亦感其言 受其符 書以呑服[28]則 潤身差病[29] 方乃知仙藥矣

到此用病則 或有差不差 故 莫知其端 察其所然則 誠之又誠 至爲天主者[30] 每每有中 不順道德者 一一無驗 此非受人之誠敬耶

---

28 〈용담유사〉에 의하면, 한울님 명에 따라 영부를 받고자 백지를 펴고 있으니, 백지 위에 어떤 형상이 나타났다. 그래서 형상대로 붓으로 그려서 이를 불에 태워 물에 타서 마셨다. 그러나 이때 백지 위의 형상은 다른 사람들에게는 전혀 보이지 않았다. 이는 영부가 한울님 마음의 표상이기 때문에 한울님 마음을 회복한 사람이라야 비로소 한울님 마음을 알 수 있는 것(吾心卽汝心)과 같이, 한울님 마음을 회복한 수운 선생의 눈에만 이 영부가 보였음을 말한다.

29 한울님 마음과 기운을 회복함으로써 우주의 무궁한 기운과 균형을 이루게 되어 마음과 육신이 편안해지는 것이다. 우리의 육신도 우주의 한 부분이다. 육신이 병 들었다는 것은 우주와의 균형이 깨어짐으로써 생긴 현상이다. 따라서 한울님 마음을 회복하면, 육신도 우주의 무궁한 기운, 즉 한울님과 균형을 다시 찾게 되고 그때는 몸이 윤택해지고 병이 차도가 있게 된다.

30 '한울님의 가르침에 의하여 정성을 다하고, 지극하게 한울님을 위하는 사람.' 특히 '한울님을 위한다(至爲天主)'는 것은 한울님 가르침의 요체가 담긴 주문을 열심히 읽는 것이다. 제자가 '주문의 뜻'을 묻자, 수운 선생은 '한울님을 지극히 위하는 글'이라고 대답하였다.

한울님의 말씀에 감격하여 영부를 받아 그려서 먹어 보니, 몸이 윤택해지고 더욱 건강해짐을 느끼게 되었다. 그래서 마침내 이 영부가 바로 한울님께서 말씀하신 선약임을 알게 되었다.

스스로의 체험을 바탕으로, 영부를 세상의 사람에게 써 보니, 어떤 사람은 차도가 있었고 어떤 사람은 전혀 차도가 없었다. 어찌해서 이와 같은 현상이 일어나는지 그 연유를 알 수 없어, 자세히 살펴보니, 정성을 드리고 또 정성을 드려서 지극히 한울님 위하는 사람은 효험이 있고, 하늘의 도와 하늘의 덕을 따르지 않는 사람은 하나같이 효험이 없었다. 이로 보아, 효험이 있고 없는 것은 영부를 받는 사람이 정성과 공경을 다하느냐 아니냐에 달린 것이 아니겠는가.

是故 我國 惡疾滿世[31] 民無四時之安 是亦傷害之數也 西洋 戰勝攻取 無事不成而 天下盡滅[32] 亦不無脣亡之歎[33] 輔國安民[34] 計將安出

---

31 '악질(惡疾)'은 실제의 질병이라는 설과 사회적인 타락상을 의미한다는 두 가지의 설이 있다. 실제 질병으로 보는 견해는 경신년 당시 동아시아 일대에 콜레라가 크게 번졌다는 기록을 근거로 든다. 대체로 19세기 중반 이후에 만연한 물질 중심 사회적 타락상을 의미한다.

32 이때의 '천하'는 중국을 가리키는 말이다.

33 순망치한(脣亡齒寒)의 고사를 원용하여 서양의 침공의 위험을 경고한 구절이다.

34 여기서 보국(輔國)은 보국(保國)과 다르다. '보(保)'는 다른 강한 힘이 국가를 보호한다는 의미이지만, '보(輔)'는 나라가 바르게 설 수 있도록 균형과 조화를 이루는 것을 의미한다.

지금 세상은 각자위심(各自爲心)의 세태가 만연하고 서양의 침공으로 어려움에 놓여 있다. 그러므로 우리나라는 악질의 나쁜 기운이 가득 차서 백성들은 한시도 편안할 날이 없구나. 이 역시 상해의 운수에 들어 있기 때문이다. 서양은 전쟁을 벌이면 항상 이기고 또 공격을 하면 언제나 빼앗으니, 이루지 못하는 일이 없는 강성한 나라들임에 틀림이 없다. 이제 서양의 침공으로 중국이 망하게 되면, 입술이 없어져 이가 시리게 되는 화를 우리나라가 맞게 될 것이 아닌가? 아아! 보국안민의 계책을 장차 어떻게 마련할 수 있을까, 참으로 걱정이로구나.

惜哉 於今世人 未知時運 聞我斯言則 入則心非 出則巷議 不順道德 甚可畏也

賢者聞之 其或不然 而吾將慨歎 世則無奈 忘略記出[35] 諭以示之 敬受此書 欽哉訓辭

아 아 슬프구나! 이제 큰 변화 끝에 성운(盛運)의 시대가 머지않아 다가올 것인데도, 지금 세상 사람들은 이 시운을 알지 못하고, 나의 가르침을 듣고도 집에서는 마음속으로 그르다고 생각하고, 거

35 '망(忘)'은 어조사로 아무 뜻이 없음

리에서는 삼삼오오 짝을 지어 수군거리며, 하늘의 도(道)와 하늘의 덕(德)을 따르는 삶을 살아가지 않으니, 매우 두려운 일이로다.

세상의 현명하다는 사람들도 나의 이 가르침을 듣고는 믿지 못하고 아니라고 말을 하니, 참으로 한탄스러운 일이 아닐 수 없다. 이러한 세상의 세태를 참으로 어찌할 수 없어, 소략하나마 이렇듯 글로 써서, 일깨우고자 세상 사람들에게 보이노니, 이 글을 공경스럽게 받아 글에 담긴 가르침의 말들을 흠모하는 마음으로 삶 속에서 실천하라.

논학문
(論學文)

「논학문」은 수운 선생이 관의 지목을 피해 전라도 남원 선국사의 은적암(隱跡庵)이라는 작은 암자에 머물면서 쓴 글이다. 용담 일대를 비롯하여, 경상도 일원의 유생들이 '동학'을 '서학'이라고 지목하며, 통문을 돌리고, 또 관에 고변을 하므로, 수운 선생은 길을 떠나게 되었다.

수운 선생은 「논학문」을 통해, 서학과 동학이 궁극적으로 어떻게 다른가, 동학의 가르침이 궁극적으로 무엇인가 하는, 동학의 본체를 밝히고 있다. 이런 의미로 초기 동학에서는 이 경편을 「동학론(東學論)」이라고 부르기도 했다.

논학문(論學文)

夫天道者 如無形而有迹[1] 地理者 如廣大而有方者[2]也

故天有九星 以應九州[3] 地有八方 以應八卦[4] 而有盈虛迭代之數 無動靜變易之理[5]

陰陽相均[6] 雖百千萬物 化出於其中 獨惟人最靈者也

천도는 형상이 없기 때문에 그 실체를 볼 수 없다. 그러나 우주에 편만(遍滿)해 있는 삼라만상이 바로 천도에 의하여 화생되었고

---

1 천도는 무위이화로 작용하므로 그 형상을 볼 수 없다. 그러나 천지만물이 천도에 의하여 생성화육되는 것이기 때문에, 천지만물에 깃든 천도의 자취를 볼 수는 있다.

2 땅(지구)은 무한히 넓고 커서 그 실체를 가늠하기 어려운 것 같으나, 실은 사면팔방의 방위가 있어 일정한 위치가 정해져 있다.

3 '구성'은 하늘에 있는 아홉 개의 별이라는 뜻. 그 밖에 사방과 오성(五星) 또는 일월성신(日月星辰)과 사시(四時)와 세(歲)를 합하여 말하기도 한다. 여기서는 '하늘 전체'를 뜻한다. '구주'는 옛날에 중국을 아홉 주로 나눈 데서 온 말로, '지구(땅) 전체'를 뜻한다. 동양에서, 구(九)는 모든 것의 최대를 나타내는 수(數)로, 하늘(九星)과 땅(九州)이 상응함을 강조한 구절이다.

4 '팔괘(八卦)'는 건(乾), 태(兌), 이(離), 진(震), 손(巽), 감(坎), 간(艮), 곤(坤). 팔방에 대응하면, '서북-건, 서-태, 남-이, 동-진, 동남-손, 북-감, 동북-간, 서남-곤'이다. 태극은 음양(兩儀)을 낳고, 양의는 사상(四象)을 낳고, 사상은 팔괘를 나았다고 한다. 여기서 팔괘는 우주 만리 만사를 낳는 하늘의 원리를 상징하며, 역시 지체(地體-八方)와 천체(八卦)가 서로 부합됨을 강조한다.

5 이 우주 속의 모든 것들이 계절이 갈아들 듯 변화하며, 만물이 나고 자라고 열매맺고 시들어가지만 변화 그 자체는 천리에 의하여 변질되거나 바뀜 없이 이어진다는 의미이다.

6 예로부터 동양에서 천지만물이 음과 양의 조화의 산물이라고 보았다. 따라서 음이나 양은 홀로 존재하지 못한다. 이 음과 양이 천변만화의 융화를 이루며 만물을 생성시키는 바, 양인 천(天)과 음인 지(地)가 어울려 만물이 생성되고, 만물 중에서 가장 신령한 존재가 사람이다.

또 살아가기 때문에 그것에서 천도의 자취을 볼 수 있다.

또한 지리는 너무나 넓고 커서 그 실체를 도저히 가늠할 수 없는 것 같지만, 땅에는 사방과 팔방이라는 일정한 방위와 위치가 있다.

그러므로 하늘의 구성(九星)이 땅의 구주(九州)와 서로 조응하고, 땅의 팔방(八方)이 하늘의 팔괘(八卦)와 상응하므로, 네 계절의 갈아듦이나 낮밤의 교차, 밀물과 썰물, 달의 차고 기욺과 같은 우주의 운행이 무궁히 이어지고, 또 만물이 태어나고 죽는 이치는 변하거나 바뀌지 않는다.

삼라만상은 음양이 서로 고루 어우러지는 그 가운데에서 화하여 생성되는 것인데, 그중 가장 신령스러운 존재는 바로 사람이다.

故定三才之理[7] 出五行之數[8] 五行者 何也 天爲五行之綱 地爲五行之質 人爲五行之氣[9] 天地人三才之數 於斯 可見矣

그러므로 천도와 지리, 그리고 사람이라는 삼재의 이치가 정해

---

7 '삼재(三才)'는 천(天) 지(地) 인(人). 앞에서 천도와 지리의 상응을 이야기하고, 이어 천도와 지리(음양)에 의하여 사람과 만물이 생성되었기 때문에, 따라서(故) 삼재의 이치가 정해졌다는 말이다.

8 '오행(五行)'은 만물을 형성시키는 다섯 가지 원소인 수(水), 화(火), 목(木), 금(金), 토(土). 천지인이라는 우주의 근본 원리에 의하여 만물을 생성하는 가장 기본적인 원소(오행)가 나오게 되었다는, 우주 생성과 만물 생성의 원리를 동양적 사유 방식에 따라 설명한 부분이다.

9 '강(綱)'은 '근본 원리', '질(質)'은 '바탕', '기(氣)'는 '작용하는 힘.' '하늘'은 만물 생성의 근본 원리, '땅'은 만물 생성의 바탕, '사람'은 오행을 움직이는 힘. 삼재와 오행라는 기본요소들이 어떠한 관계에 있는가를 설명한다. 결국 삼재와 오행은 우주 만물의 근본이며, 총체적인 모습이다.

지고, 또 오행의 수가 나왔다. 오행은 궁극적으로 무엇인가. 오행과 삼재와의 관계에서 보면, 하늘은 오행이 생성하는 원리가 되고, 땅은 오행이 자라고 또 살아가는 바탕이 되며, 사람은 이 오행을 운용하고 또 움직이는 기운이 된다. 따라서 하늘과 땅과 사람이 바로 우주 형성의 근본이 되는 그 이치를 알 수 있다.

四時盛衰 風露霜雪 不失其時 不變其序[10] 如露蒼生 莫知其端 或云天主之恩 或云化工之迹[11] 然而以恩言之 惟爲不見之事 以工言之 亦爲難狀之言[12] 何者 於古及今 其中未必者也[13]

네 계절이 성했다가 쇠하고, 또 절기(節期)에 따라 바람이 불고 이슬이 내리고 서리가 내리며 눈이 오는 현상은 우주의 생성 이후 오늘까지 한번도 그 때를 잃지 않았고, 또 그 순차적인 질서를 바꾸지 않았다. 그러나 풀잎에 잠시 맺혔다가는 이내 사라지고 마는 아침이슬 같은 사람들은 왜 우주 만물의 변화가 이와 같이 되는지 그

---

10 '때를 잃어버리지 않고 그 순차적 질서를 변치 않는다.' 계절이 갈아드는 시기와 순서가 우주의 법칙에 따르며 변하지 않고 늘 일정함을 의미한다.

11 '혹 한울님의 은덕~, 혹 조화의 흔적~'이라고 표현한 것은 예로부터 사람들이 한울님에 대한 확신이 없어 분명하고 정확하게 알지 못하고 있다는 사실을 강조하는 것이다.

12 설령 '한울님의 은혜', 또는 '조화의 흔적'이라고 말해도, 그 근본 주체가 무엇인지 보지 못하고, 또 올바로 형상할 수 없기 때문에, 사람들은 한울님과 조화에 대하여 믿음을 가지지 못한다.

13 '중(中)'은 '적중', 또는 '바로 맞추다.' '미필(未必)'은 '반드시 아니다.' '기중미필(其中未必)은' '그 근본을 바로 맞추지 못했다.' '바로 알지 못했다.'

이유를 알지 못한다. 혹은 한울님의 은혜라고도 말하기도 하고, 혹은 조화의 자취라고도 말하며 설왕설래할 뿐이다.

그러나 한울님의 은혜라고 해도 보지 못한 일이요, 조화라고 해도 그 상황을 믿기 어려운 지경이다. 왜 그러한가? 예로부터 오늘에 이르기까지 그 원인과 이유를 올바르게 알지 못했기 때문이다.

夫庚申之年 建巳之月[14] 天下紛亂 民心淆薄 莫知所向之地

又有怪違之說[15] 崩騰于世間[16] 西洋之人 道成立德 及其造化 無事不成 攻鬪干戈 無人在前 中國消滅 豈可無脣亡之患耶

都緣無他[17] 斯人道稱西道 學稱天主 敎則聖敎 此非知天時 而受天命耶

경신년 4월에 천하가 어지럽고 민심이 각박하여 어떻게 해야 할지 알 수 없고, 또 괴이하고 사리에 맞지 않는 이야기가 세간에 흉흉하게 떠돌았다. "서양 사람들은 도성입덕(道成立德)이 되어, 조화

---

14 건(建)은 달의 간지(干支), 즉 월건(月建). 사(巳)는 4월. 예부터 우리나라는 인월(寅月)로 정월을 삼았기 때문에, 인(寅-1월) 묘(卯-2월) 진(辰-3월) 사(巳-4월) 순서로 달을 호칭한다.

15 '괴이하고 사리에 맞지 않는 말'은 '서양지인(西洋之人)~무인재전(無人在前)'을 말한다. 즉 도성입덕이 되었다고 하면서도 무력으로 다른 나라를 공격하는 것이 사리에 어긋난다는 말씀이다.

16 정상적인 판단력이 무너지고(崩) 이상한 이야기가 흉흉하게 떠돈다(騰)는 말씀이다.

17 '도연(都然)'은 '도무지 다른 까닭이 아니라' 등으로 풀이할 수 있다. 서양 사람들이 이루지 못하는 일이 없고 싸우면 이기는 까닭을 알 수 없다는 말씀이다.

의 힘으로 이루지 못하는 일이 없어, 강성한 무기로 공격하면 그 앞에 당해낼 수 있는 사람이 없다고 한다. 서양의 침략으로 중국이 멸망해 버리면, 어찌 우리나라가 입술이 없어 이가 시리게 되는 걱정이 없겠는가. 우리나라에도 머지않아 그 화가 미치지 않겠는가?" 하며 사람들은 걱정하고 있었다. 도무지 서양 사람들이 어찌 이리 강력할 수 있는지 그 까닭을 알 수가 없구나! 이 사람들은 도를 서도라고 칭하고, 학을 천주학이라고 칭하며, 교를 성교라고 하니, 이것은 천시를 알고, 또 천명을 받은 것인가?" 하는 말들이 세상에 어지러이 떠돌았다.

擧此一一不已故 吾亦悚然 只有恨生晩之際

身多戰寒[18] 外有接靈之氣[19] 內有降話之敎[20] 視之不見 聽之不聞 心尙怪訝 修心正氣[21]而問曰 何爲若然也

---

18 〈포덕문〉 중의 심한신전(心寒身戰)과 같은 상태, 즉 신비체험 당시의 상황이다.

19 신비체험에 들어간 상태를 좀더 구체적으로 묘사했다. 여기서 '신령'의 정체는 무엇인가? 이는 바로 한울님의 영이다. 그러나 한울님의 영이 별개로 있고 수운 선생의 영이 별개로 있어 서로 만난 것은 아니다. 한울님의 영이 곧 수운 선생의 영이요, 동시에 천지만물의 영과 같은 뿌리에서 나온 것이다. 따라서 접령(接靈)의 기운이 있다는 것은 수운 선생께서 수련에 지극히 임하여 한울님 기운을 회복하고, 한울님의 영과 일치된 상태에 들어갔음을 말한다.

20 '강화(降話)'란 '(한울님이)말씀을 내린다'는 의미이지만, 한울님의 영과 수운 선생의 영은 하나의 근원에서 나온 것이기 때문에, 마음속에서 진행되는 상태이다. 따라서 보려고 해도 보이지 않고, 들으려해도 들을 수 없으며, 오직 오심즉여심(吾心卽汝心)의 상태에서만 보고 들을 수 있다.

21 이때의 수심정기는 지킬 수(守)가 아니라, 닦을 수(修)이다. 즉 '신비체험으로 혼돈스러워진 마음 상태를 다시 정비하고 마음을 바르게 하였다.'는 의미이다.

曰吾心卽汝心[22]也 人何知之 知天地而無知鬼神 鬼神者 吾也[23] 及汝无窮无窮之道 修而煉之 制其文敎人 定其法布德 則令汝長生 昭然于天下[24]矣

이들이 하는 일들을 낱낱이 살펴보아도 도무지 그 까닭을 알 수 없어, 나 역시 두려운 마음이 들었다. 다만 늦게 태어난 것을 한탄을 하고 있을 즈음에, 몸이 떨리며 마음이 추워지며, 밖으로는 신비스러운 영(靈)과 접하는 기운이 있으며, 안으로는 강화(降話)의 가르침이 있었다. 정신을 가다듬고 보려 해도 보이지 않았고, 들으려 해도 들리지 않는 신비한 경지에 들게 되었다.

괴이하고 의아한 생각이 들어, 마음을 가다듬고 기운을 바르게 하여 "어찌하여 이런 일이 일어나게 된 겁니까?"라고 물으니,

대답하기를 "나의 마음이 바로 너의 마음이다. 사람들이 어찌 이러함을 알겠는가. 세상 사람들은 천지라는 형체만을 알 뿐, 귀신을

22 '한울님 마음이 수운 선생 마음과 같다.' 사람은 본래 한울님 마음을 품부(稟賦)했기 때문에, 그 본래 마음은 하늘의 마음과 같이 맑고 깨끗하다. 그러나 세상에서 살아가면서 습관천(習慣天)에 물들어 천심을 잃고, 잊게 된다. 수운 선생은 수련을 통하여 다시 본래의 마음을 회복하였고, 한울님께 품부받은 그 마음을 다시 찾았기 때문에, 한울님 마음과 다시 같아진 것이다.

23 사람들은 하늘과 땅(天地)이라는 형체만 알고, 그를 주재하는 한울님을 모른다는 의미. 천지만물의 영고성쇠(榮枯盛衰)와 인간의 흥망성쇠, 길흉화복 모두 한울님의 조화의 자취이며 '귀신'도 그중 하나이다. 특히 당시 많은 사람들이 무고사(巫蠱事) 같은 미신에 현혹되어 집집마다 귀신을 섬기는 풍조가 만연하므로, 이런 말씀을 한 것으로 생각된다.

24 '장생'은 〈포덕문〉에서 다루었다. 우주의 근본인 한울님 마음을 깨달아, 함께 무궁해져서 생사를 초월하고, 나아가 한울님의 무궁한 덕으로 천하를 빛나게 할 것이라는 의미이다.

알지 못한다. 귀신이라는 것도 바로 나다. 너에게 무궁무궁한 도(道)를 주노니, 이 도를 잘 닦고 단련하며, 올바르게 밝힐 수 있는 글을 지어 세상의 사람들을 가르치고, 법(法)을 정하여 덕(德)을 세상에 펴면, 내 너로 하여금 장생하게 하여 천하를 밝게 비추게 할 것이다."

吾亦幾至一歲 修而度之 則亦不無自然之理[25] 故一以作呪文 一以作降靈之法 一以作不忘之詞[26] 次第道法[27] 猶爲二十一字[28]而已

이러한 가르침을 받고, 거의 일 년이 지나도록 마음을 닦으며 헤아려 보니, 자연의 이법에 따르지 않는 것이 하나도 없었다. 한편으로는 주문(呪文)을 짓고, 다른 한편으로는 강령(降靈)을 하는 법을 짓고, 또 한편으로는 영원히 한울님을 잊지 않는 글을 지으니, 도를 행하는 모든 법도와 순서가 오직 스물한 자에 있을 뿐이었다.

---

25 한울님이 주신 도를 받아 닦고 헤아려 보니, 그 원리가 작위적(作爲的)인 것은 하나도 없고, 자연의 이치와 법칙이 그대로 담겨 있음을 알게 되었다는 말씀이다. 그러므로 수운 선생은 이 자연의 이법에 의한 조화, 즉 무위이화를 도의 요체로 삼았다.

26 직역하면 '한편으로는 주문을 짓고, 또 한편으로는 강령의 법을 짓고, 또 한편으로는 불망의 글을 지었다.'는 뜻이다. 즉 구문상 '주문, 강령의 법, 불망지사'가 별개인 것처럼 되어 있다. 그러나 실제 동학(천도교) 주문은 강령주문과 본주문 두 부분 나뉘어 있다. 따라서 이를, '주문을 지으니, 하나는 강령의 법이요 다른 하나는 불망의 글이다.' 라고 해석할 수 있다.

27 '차제(次第)'는 차례, 순서, '도법(道法)'은 도를 펼치는 방법. 즉 도를 닦고 행하는 모든 법도와 순서를 뜻한다.

28 천도교의 주문인 '至氣今至願爲大降侍天主造化定永世不忘萬事知'를 말한다.

轉至辛酉[29] 四方賢士 進我而問曰 今天靈 降臨先生 何爲其然也 曰受其无往不復之理[30]也 曰然則何道以名之 曰天道也

曰與洋道 無異者乎 曰洋學 如斯而有異[31] 如呪而無實[32] 然而 運則一也[33] 道則同也[34] 理則非也[35]

경신년이 지나가고 한 해가 바뀌어 새로운 해인 신유년(辛酉年, 1861년)이 되었다. 사방에서 어진 선비들이 나에게 찾아와 묻기를, "지금 천령이 선생님께 강림했다고 하는데, 그것은 과연 무엇이며, 또 어떠한 일입니까?"

내가 대답하기를 "가고 다시 돌아오지 아니함이 없는 이치를 받았다."하니,

다시 묻기를 , "그러면 선생님께서 받았다는 그 도를 무엇이라고 부릅니까?"

---

29 포덕 2년, 서기1861년이다.

30 '가고 돌아오지 않음이 없는 이치.' 앞에서 말씀하신 '자연지리(自然之理)'와 같은 의미이다. 즉 우주의 모든 만물이 이 자연의 이법에 의하여 무궁히 순환한다는 대법칙을 말씀한 것이다.

31 '이(斯)'가 받는 말은 수운 선생의 가르침이다. 천도를 말한 점에서는 같으나 천도에 이르는 길은 서로 다르다는 말씀이다. 이는 다음에 나오는 '도즉동 운즉일 이즉비'와 같은 맥락이다.

32 서학에서는 한울님을 공경하고 한울님께 비는, 즉 종교적 수행 방법의 형식만 있고 실지인 인간의 본성, 우주의 본질을 준표하는 것이 없다는 말씀이다.

33 서학은 선천 오만 년의 운에 따른 가르침이고, 수운 선생의 도는 후천 오만년의 운에 따른 가르침으로 선천과 후천의 운이 갈리지만, 선천/후천 차원의 운을 받은 것은 같다는 말씀이다.

34 서학도 천도를 궁구하는 가르침이므로, 그 전체 맥락에서 본다면 결국 같은 도라는 의미이다.

35 도에 이르는 방법, 도를 궁구하는 이치가 서학과는 다르다는 말씀이다.

대답하기를, "천도니라." 하였다.

선비들이 다시 "지금 서양에서 들어오고 있는 서도와는 다른 것이 없습니까?"라고 물었다.

이에 대답하기를 "서학(西學)은 내가 펴는 가르침과 같은 것 같으나, 그 본질은 다르다. 서도는 비는 것 같으나 실지가 없다. 운(運)은 한가지요 도(道)도 같으나, 이치는 다르다."

曰何爲其然也 曰吾道无爲而化[36]矣 守其心正其氣 率其性受其教化出於自然之中[37]也 西人 言無次第 書無皂白[38]而頓無爲天主之端只祝自爲身之謀[39] 身無氣化之神[40] 學無天主之教[41] 有形無迹 如思

---

36 무위이화는 〈포덕문〉에서 설명했다. 수운 선생이 받은 무위이화의 도는 자연지리(自然之理)이다.

37 '무위이화'는 한울님이 품부하신 마음을 지키고 기운을 바르게 하여 실천하면 한울님 성품을 거느리고, 한울님 가르침을 받아 자연한 가운데에서 저절로 화해 나오는 것을 말한다. 한울님은 인간의 수양에 감응하여 조화를 베푼다는 말씀이다. 즉 무위이화의 주체는 한울님이지만, 그 시작은 사람의 노력(정성)이다.

38 서학의 경전을 논평하신 말씀이다. 즉 서학의 경전에는 천지 도수의 이치는 없고, 다만 하나님(예수)의 말씀으로 모든 것이 이루어진다고 되어 있기 때문에 이렇게 말씀한 것이다.

39 한울님 위하는 공심(公心)은 없고, 자신만 천당에 가겠다는 사심(私心)만 있음을 말씀한 것이다.

40 '몸에 기화의 신이 없다.'는 것은 곧 한울님의 감응이 없다는 말씀이다. 특히 서학은 한울님과 사람을 별개로 보기 때문에 한울님의 기운을 회복하고 감화를 받는 기화가 일어나지 않는다.

41 '학에는 한울님의 가르침이 없다.' '도(道)'는 모든 것의 근본이고, '학(學)'은 그 도에 이르는 가르침인데, 서학의 깨달음은 근원적으로 한울님 가르침에 이르지 못하는 것이라는 말씀이다.

无呪[42] 道近虛無 學非天主[43] 豈可謂无異者乎

선비들이 다시 물었다. "어찌하여 운(運)은 하나이고, 도(道)는 서로 같다면서, 서학의 가르침과 선생님의 가르침이 서로 다른 것이 됩니까?"

이에 내가 다시 대답하기를, "나의 도는 한울님의 이법에 의하여 자연 그대로 이루어지는 도법(道法)으로 무위이화(無爲而化)라고 말할 수 있다. 이 무위이화를 다시 설명하면, 한울님으로부터 받은 마음을 지키고, 그 기운을 바르게 하여 실천하면, 한울님의 성품을 거느리게 되고, 한울님의 바른 가르침을 받아, 자연한 가운데에 화해 나오는 것이다."

이어서 말했다. "그러나 서양 사람들은 그 말에 차례가 없고, 글에는 옳고 그른 것의 구분이 없다. 그러므로 한울님 위하는 공심은 없고, 다만 자신 한 몸만을 위하는 사심으로 한울님께 자기 소원만 빈다. 그런 까닭으로 몸에는 한울님과 내가 서로 화하는 기화지신(氣化之神)이 없다. 또 학문에는 한울님의 가르침이 없다.

---

42 '형(形)'은 곧 종교적 수행 형식을 말한다. 서학의 신앙적 형식이란 십자가나 마리아상 등이다. 이러한 형식은 있으나, 그 가르침의 실제 흔적, 즉 서학에서 말하는 천당이니 지옥이니 하는 것이 사실로 나타나지 않는다는 말씀이다. '사(思)'는 한울님 생각함. 서학에서는 한울님 생각하는 것 같으나, 실제로 한울님을 위하는 법문인 주문이 없다는 말씀이다.

43 '도는 허무에 가깝고 학은 한울님의 원리가 아니다.' 서학에 관한 논평의 결론이다.

그러므로 서학에는 수행하는 형식(形式)은 있으되 신앙이 나타나는 실제는 없고, (한울님을) 생각하는 것 같으나 한울님을 지극히 위하는 글인 주문이 없어서, 그 도는 허무에 가깝고 도에 이르는 이치인 학은 한울님을 궁구하는 학이 아니다. 그러니 어찌 이러한 서학과 내가 펴는 도가 다름이 없다고 하겠는가?"

曰同道言之 則名其西學也[44] 曰不然 吾亦生於東 受於東 道雖天道 學則東學[45] 況地分東西 西何謂東 東何謂西 孔子生於魯風於鄒 鄒魯之風 傳遺於斯世[46] 吾道受於斯 布於斯 豈可謂以西名之者乎

선비들이 다시 나에게 물었다. "서학과 선생님 가르침의 도(道)는 서로 같은 것이라고 말씀하셨으니, 그러면 선생님께서 펴는 가르침을 서학이라고 부릅니까?"

내가 대답하였다. "그렇지가 않다. 나는 동방에서 태어나 동방에서 도를 받았다. 그러니 그 가르침이 서학과는 다르다. 도는 비록

44 '도즉동야(道則同也)'는 말씀에 이어 제자들이 '도가 서학과 같다고 말씀하시니, 서학이라고 부를까요?'라고 다시 묻는 부분이다.

45 천도는 동방/서방을 막론하고 우주 만물의 근원이기 때문에, 서도(서학)까지 포괄한다. 그러므로 별도의 이름을 가질 수가 없어 다만 천도라고 부르는 것이다. 그러나 그 천도에 이르는 학(수행 절차)은 서학과는 다른 '동방에서 나온 학-동학'이라는 의미이다.

46 공자와 맹자가 태어난 지역 이름을 따서 유학을 '추로지풍'이라고도 부르지만, 유학은 노/추라는 지역을 뛰어넘어 온 세상에 퍼져 있듯이, 내 가르침이 온 우주를 섭렵하는 '천도'를 궁구하지만, 내가 태어나 가르침을 받은 동방의 의미를 담아 동학이라고 해야 한다는 말씀이다.

모든 만유의 근원인 천도(天道)이지만, 그 도에 이르는 이치로서 내가 가르치는 학(學)은 동학(東學)이라고 불러야 한다. 땅이 동과 서로 나뉘어졌고, 동과 서는 역사와 철학과 문화가 서로 다르니, 서를 어찌 동이라고 할 수 있으며, 동을 어찌 서라고 말하겠는가? 비유컨대 공자는 노나라에서 태어나 학문(儒學)을 일으켰고, 또 추나라에서 태어나 공자를 가르침을 이은 맹자에 의하여 크게 일어났다. 그러므로 오늘날 사람들은 유학의 가르침을 추로지풍(鄒魯之風)이라고 부른다. 이와 마찬가지로 나는 동방에서 도를 받았고 이곳에서 가르침을 펼치니, 어찌 서학이라고 부를 수 있겠는가?"

曰呪文之意 何也 曰至爲天主之字故 以呪言之[47] 今文有古文有[48]

선비들이 다시 묻기를 "주문(呪文)의 뜻은 무엇입니까?"

대답하기를, "한울님을 지극히 위하는 글이 바로 주문이다. 그러므로 한울님께 기원하고 또 청원한다는 의미의 주(呪)를 써서, 주문(呪文)이라고 말한 것이다. 이러한 주문은 옛 사람도 사용했고, 지금

47 '지극히 한울님을 위하는 글(至爲天主之字)'이라고 한 것은 〈포덕문〉에 '나의 주문을 받아 사람들로 하여금 나를 위하게 하라(受我呪文 敎人爲我)' 하신 한울님 말씀에 따른 것이다. 그러므로 주문을 읽는다는 것은 바로 한울님을 지극히 위하는 일이다. 한울님을 위한다는 것은 한울님의 뜻인 포덕천하, 지상천국 건설을 달성하겠다는 뜻을 깊이 체득하여 실행한다는 의미이다.

48 동학(천도교) 주문이 오래전부터 있었다는 것이 아니라, 예부터 사람들은 언제나 천지신명에게 기원했기 때문에, 축문(祝文, 呪文)을 짓고 읽는 일은 옛날에도 있었고, 지금도 있다는 말씀이다.

사람도 자기 생활 속에서 사용하고 있다."

曰降靈之文 何爲其然也 曰至者 極焉之爲 至氣者 虛靈蒼蒼 無事不涉 無事不命[49] 然而 如形而難狀 如聞而難見[50] 是亦渾元之一氣[51]也 今至者 於斯入道 知其氣接[52]者也 願爲者 請祝之意也 大降者 氣化之願也[53]

묻기를 "강령(降靈)의 글은 어찌하여 그렇게 되는 것입니까?"

대답하기를 "「지(至)」라는 것은 지극히 큰 것을 말한다.

「지기(至氣)」는 지극히 커서 그 시작과 끝을 가늠할 수 없기 때문에 빈 것과 같고, 한울님의 영기(靈氣)로서 우주만유의 생명이며, 생명의 근원이 되는 것이다. 또한 우주에 가득 차 있으며 만리만사(萬

---

49 '비고 신령하고 창창함(虛靈蒼蒼)'은 지기(至氣)를 표현한 것으로, 곧 지기는 지극히 큰 기운이기 때문에 그 시작과 끝을 가늠할 수 없으므로 무극(無極) 또는 허(虛)라고 이른다. 또 우주 만물의 근본이므로 '신령한 것(靈)'이다. 또 우주 사이에 가득히 차 있기 때문에 '창창(蒼蒼)'한 것이다. 지기는 우주 만상에 간섭하지 않는 것이 없고(無事不涉), 명(命)을 부여하지 않는 것이 없다(無事不命).

50 '形~難~'은 곧 이 지기(至氣)는 한울님의 무궁한 기운이기 때문에 인간의 이성이나 지식으로는 표현하기 어렵다는 말씀이다. 이에 관해서 이돈화는 『신인철학』에서 '이지(理知)로서 한울님을 알려하는 것은 마치 그물로 물을 뜨는 것과 같다.'라고 비유적으로 말했다.

51 **지기에 관한 결론적인 설명이다. 즉 지기란 하늘과 땅을 포용할 수 있는 우주 자연의 크고 으뜸이 되는 혼원한 기운이라는 말씀이다. '혼원'은 자연의 기운, 즉 우주를 이루는 만물의 원기를 말한다.**

52 '금지(今至).' 동학에 입도하여, 비로소 한울님의 기운인 지기와 접함을 깨닫는다는 의미이다.

53 '대강은 기화가 되기를 원하는 것'으로 풀이 된다. '기화'란 우주의 기운, 즉 한울님의 기운과 나의 기운이 융화일치를 이루는 것이다. 따라서 '대강'은 '크게 내린다'는 뜻이 아니라, 한울님 기운과 내 기운이 일치 융화되어 한울님의 기운을 회복함을 의미한다.

里萬事)에 간섭하지 않는 것이 없으며, 우주만상에 그 명(命)을 부여하지 않은 것이 없다. 그러나 형상이 있는 것 같으나 형용하기 어렵고, 들을 수 있는 것 같으나 보기가 어려운 것이니, 이것 역시 만물의 원기인 혼원한 기운이 하나로 이루어진 것이다.

「금지(今至)」는 입도(入道)하여, 비로소 한울님 기운을 접하고 또 한울님 기운을 스스로 체험하는 것을 말한다.

「원위(願爲)」는 무엇이 이루어지기를 청하여 비는 것이다.

「대강(大降)」은 한울님 무궁한 기운과 나의 기운이 융화일체(融化一體)가 되기를 바라는 것이다."

侍者 內有神靈 外有氣化[54] 一世之人 各知不移[55]者也 主者 稱其

---

54 '안에 신령이 있고 밖으로 기화가 있다.' 이를 해월신사는 '안에 신령이 있다 함은 처음 세상에 태어날 때의 어린이 마음이요, 밖에 기화가 있다 함은 포태할 때에 이치기운이 바탕에 의하여 체(體)를 이루는 것(內有神靈者 落地初 赤子之心也 外有氣化者 胞胎時 理氣應質而成體也)'이라고 해석하였다. 결국 내유신령이란 처음 포태될 때 한울님으로부터 받는 가장 순수한 마음을 다시 회복하는 것이며, 외유기화란 처음 인간의 생명이 형성될 때, 즉 무형의 생명에서 유형의 생명으로 화생할 때 우주의 기운, 즉 한울님의 기와 접하는 신비함을 체득하는 것을 말한다. 즉 신령과 기운을 안과 밖에서 동시에 만나는 것이다. 그러므로 유형적인 육신 관념을 벗어나 우주의 본원적인 혼원한 기운으로 되는 순간, 즉 우주 본체인 한울님을 만나는 순간을 표현한 것이다.

55 이때 '지(知)'는 알다의 뜻에서 발전하여, 깨닫다의 뜻으로 봄이 좋다. 또 '불이(不移)'의 '이(移)'는 '옮기다'의 의미에서 '변하다'의 의미로 전이될 수 있다. 따라서 이 부분은 '세상의 사람들이 각기 깨달아 변하지 않는다.'라는 의미로, 곧 한울님 마음을 회복한 이후에 이 마음을 변하지 않는 경지에 이르러야 진정한 깨달음이 된다는 의미가 담긴 말씀이다.

尊而與父母同事[56]者也 造化者 無爲而化也 定者 合其德 定其心[57]也 永世者 人之平生也 不忘者 存想之意[58]也 萬事者 數之多也 知者 知其道而受其知[59]也 故明明其德 念念不忘[60] 則至化至氣 至於至聖[61]

「시(侍)」는 안으로는 한울님의 신령(神靈)한 마음을 회복하고(內有神靈), 밖으로는 한울님의 무궁한 기운과 융화일체를 이루고(外有氣化), 이 세상 사람들이 이러한 경지를 깨달아 그 마음을 변치 않으며, 이를 실천해 나아가는 것(各知不移)을 말한다. 「주(主)」는 한울님을 높여 부르는 말로써, 우리가 우리를 낳고 또 키우신 부모님을

---

56 천주(天主), 곧 한울님의 '님(主)'에 대한 해설 부분이다. 한울님은 우주의 자율적인 원리로서의 '천(天)'이 아니라, 우리 인간을 비롯한 모든 존재의 근본이 되고, 나아가 우리를 낳은 부모와 같은 존재라는 의미가 담긴 말씀이다. 이 부분에 대하여 해월신사는 해설하기를 '앞의 성인들이 말하지 않은 일로써 수운 선생께서 처음 창시하신 대도(前聖未發之事 水雲大先生主 始創之大道也)'라고 부언해서 말하고 있다. 즉 과거의 성인들은 '천(天)'이라는 우주의 자율적인 원리로써 하늘을 이해하고 그 원리를 밝히려 했는데 비하여, 수운 선생은 '천(天)'을 다만 우주의 자율적인 존재로써가 아니라, 만유와 인사(人事)를 모두 간섭하는 인격적인 존재로써 천명했기 때문에, '존칭하여 부모와 같이 섬겨야 하는' 의미의 '주(主)'를 붙여, 천주, 곧 한울님이라고 말씀한 것이라는 뜻이다. 이렇듯 우주의 자율적인 원리로서의 하늘을 한울님이라는 인격적인 신이며 동시에 모든 만유를 생성 화육하는 근본인 부모와 같은 존재라고 천명한 사람이 바로 수운 선생이기 때문에, 앞의 성인이 말하지 않은 일이라고 말씀한 것이다.

57 조화정(造化定)의 '정(定)'을 해의한 부분이다. 한울님의 덕과 합해지고, 그러므로 한울님의 마음을 회복하여 그 마음을 변하지 않는 상태를 의미함.

58 '존상(存想)'이란 언제나 한 가지 생각을 지니고 있다는 뜻으로, 한울님을 지극히 생각하여 잠시라도 한울님 생각에서 떠나지 않고 한울님을 생각하는 것을 말함.

59 만사지(萬事知)의 '지(知)'를 해의한 부분이다. 세상의 모든 것, 즉 만사를 아우르는 도의 근원을 깨닫고, 그 깨달음의 가르침을 받음을 의미한다.

60 한울님의 덕을 밝고 밝힌다는 뜻으로, 한울님의 덕을 밝고 밝히어 잠시라도 잊지 않고 마음에 깊이 새겨 생각하는 것을 말한다.

61 한울님의 크나 큰 기운인 지기(至氣)에 지극히 화하여, 지극한 성인의 경지에 이른다는 말이다. 즉 천도교에서 추구하는 지상신선에 이름을 의미한다.

섬기듯이 한울님 섬김을 의미한다. 「조화(造化)」는 무위이화(無爲而化), 곧 '함이 없이 저절로 되는 자연의 작용과 같은 한울님의 힘'을 말한다. 「정(定)」은 한울님의 덕(德)과 나의 덕이 합일(合一)이 되므로 내 안에서 회복한 한울님 마음을 지키고 실천하는 경지에 이르렀음을 말한다. 「영세(永世)」는 사람의 일생이다. 「불망(不忘)」은 늘 한울님 생각하는 마음을 지니고 살아감을 말한다. 「만사(萬事)」는 수(數)의 많음을 말한다. 「지(知)」는 한울님의 무궁한 도를 깨닫고, 깨달음을 통하여 한울님 가르침을 받는 것을 말한다.

그러므로 한울님의 덕(德)을 밝히고 밝혀, 잠시도 한울님 모앙(慕仰)하는 마음을 잃지 않고 염념불망(念念不忘)하면, 지기(至氣)에 지극히 화(化)하여, 지극한 성인(聖人)의 경지에 이르게 된다.

曰天心卽人心 則何有善惡也[62] 曰命其人貴賤之殊 定其人苦樂之理[63] 然而君子之德 氣有正而心有定 故與天地合其德[64] 小人之德 氣

62 제자들이 수운 선생께 드리는 질문으로, 천심(天心), 곧 한울님 마음은 선악이 없는 지공무사(至公無私)한 마음이며, 오심즉여심(吾心卽汝心)이라고 하여, 바로 이 천심이 인심이라고 하면서, 어찌 인심인 사람의 마음에는 선한 마음이 있고 악한 마음이 있는가 라고 물어보는 것이다.

63 '한울님이 사람에게 귀천의 차별이 있게 명하고, 고락의 이치를 정해 준다.' 이는 봉건적 기준으로 신분 계층을 나누는 것과는 다른 것이다. '귀천 차별(貴賤之殊)'이나 '고락 이치(苦樂之理)'는 어느 한 사람을, '너는 귀하다', '너는 천하다' 등을 정하는 것이 아니라, '이러한 기(氣)를 지닌 사람은 귀한 사람이요, 저러한 기를 지닌 사람은 천한 사람'이라는 준표를 정한 것이다. 한울님은 선과 악 자체를 정하는 것이 아니라, 그 준표를 명하고 정했을 뿐이라는 말이다.

64 '기의 바름이 있다'는 것은 올바른 기를 지녔다는 말이며, 동시에 그 올바른 기에 의하여 바른 행동과 바른 삶을 살아간다는 것이다. 또 '마음이 정함이 있다'는 것은 한울님 마음을 회복하여

不正而心有移 故與天地違其命[65] 此非盛衰之理耶[66]

선비들이 다시 물었다. "'내 마음이 곧 네 마음'이라는 '오심즉여심(吾心卽汝心)'은 한울님 마음이 곧 사람의 마음이라는 가르침입니다. 사람의 마음이 한울님 마음인데, 어찌하여 사람의 행함에 선(善)과 악(惡)의 구별이 있습니까?"

내 대답하기를, "한울님은 귀한 사람이 되고 천한 사람이 되는 준표(準標)만을 정해줄 뿐이다. 또한 사람이 살아가면서 겪는 고락(苦樂)의 이치만을 정해 줄 뿐이다. 그러나 군자의 덕은 기운이 바르고 한울님 마음을 변함없이 실천하는 삶을 살아가고, 그러므로 천지와 더불어 그 덕이 합일된다. 소인의 덕은 기운이 바르지 않고 마음이 이리저리 바뀌는 까닭으로 천지와 더불어 그 명이 어긋나는 것이다. 세상 사람들이 이와 같은 군자의 덕을 쌓느냐, 그렇지 않으면 소인의 삶을 사느냐에 따라, 이 세상이 성운을 맞이하느냐 쇠운을 맞이하느냐가 결정된다. 이러함이 성운과 쇠운이 갈아드는

그 마음을 변하지 않도록 한다는 의미이다. 즉 한울님 기운과 마음을 지니는 상태를 말한다. 그러므로 천지, 곧 한울님과 더불어 그 덕이 합해지는, 그런 군자의 경지를 의미한다.

65 기운이 바르지 않으므로 그 행동이 올바르지 못하며, 마음 역시 자꾸 변하는 것은 소인의 덕이라는 것이다. 소인의 덕은 한울님이 인간에게 부여한 명과 어긋나는 삶이라는 말이다.

66 군자의 덕을 회복하거나 소인의 덕을 지닌다는 것은 모두 성운과 쇠운을 맞이하는 근본 이치가 된다는 말씀이다. 군자의 덕이 이 세상에 행해지면 이 세상은 성운을 맞이하게 될 것이고, 반대로 소인의 행실이 횡행하면, 이 세상은 쇠운을 맞게 될 것이라는 말씀이다.

그 이치인 것이다."

曰一世之人 何不敬天主也 曰臨死號天 人之常情 而命乃在天 天生萬民 古之聖人之所謂 而尙今彌留[67] 然而似然非然之間 未知詳然之故[68]也

선비들이 다시 묻기를, "세상의 사람들이 어찌하여 한울님을 공경하지를 않습니까?"

내가 대답하였다. "죽음에 임하여 한울님을 부르는 것은 사람들의 일반적인 마음이다. 그렇게 하는 것은 사람의 명(命)이 하늘에 달려 있기 때문이다. 사람의 명이 하늘에 달려 있고, 또 하늘이 모든 사람들을 내셨다는 것은 이미 옛 성인들이 말씀한 것으로, 오늘까지 전해진다. 그러나 사람들은 과연 하늘이 만물을 낳았는가 혹은 그렇지 아니한가 하고 의심하며, 확신하지 못한다. 그것은 그 상세함을 알지 못하였기 때문이다."

曰毁道者 何也 曰猶或可也 曰何以可也 曰吾道 今不聞古不聞之

67 '미류(彌留)'는 오랫동안 고쳐지지 않은 것. '지금(今)까지 바뀌지 않고 내려오다.'

68 그런 것 같기도 하고 그렇지 않은 것 같기도 한, 한울님에 대한 신념이 불확실한 상태에서, 그렇기 때문에 한울님을 공경하지 않는다는 말씀이다.

事 今不比古不比之法[69]也 修者 如虛而有實 聞者 如實而有虛也[70]

다시 물었다. "도를 비방하고 또 훼방을 하는 사람들은 어찌하여 그렇습니까?"

대답하기를 "혹 그럴 수도 있다."

묻기를 "어찌하여 그렇게 할 수 있습니까?"

대답하기를 "우리 도는 지금도 듣지 못했고 옛날에도 듣지 못했던 일이요, 지금의 무엇과도 비교할 수 없고 옛날의 어느 것과도 비교할 수 없는 법이기 때문이다. 마음으로 잘 닦는 사람은 겉으로는 아무것도 드러나지 않아 허(虛)한 듯하나 스스로 마음에 깨닫고 체득하는 바가 있어 실지가 있는 것이요, 다만 이것저것 듣기만 하는 사람은 겉으로 아는 것이 많은 듯하지만 마음으로 체득하는 바가 없어 사실은 허한 것이다."

曰反道而歸者 何也 曰斯人者 不足擧論也 曰胡不擧論也 曰敬而

---

69 제자들은 수운 선생이 '사람들이 수운 선생이 가르치는 도를 비방하고 방훼하는 것이 그럴 수도 있다'고 하는 것은 어찌하여 그러느냐고 묻는 데 대한 답으로, '나의 도가 고금을 막론하고 비교할 수도 없고 듣지도 못한 전혀 새로운 가르침이기 때문에, 견식이 모자라는 사람들 이를 의심하고 믿지 못하여, 방훼하거나 비방할 수도 있다.'는 대답을 한 것이다.

70 수자(修者)는 몸소 수련하는 사람. 문자(聞者)는 실제로 공부하지 않고 이것저것 들어서 잡다하게 아는 척만 하는 사람. 몸소 도를 닦고 말없이 행하는 사람은 겉으로는 아무것도 없는 듯하지만 실지로 마음으로 깨닫고 터득하는 바가 많다. 귀로 듣고 모든 것을 이론적으로 아는 척하는 사람은 겉으로는 제법 무엇을 많이 아는 듯해도, 사실은 허무한 사람이라는 말씀이다.

遠之 曰前何心而後何心[71]也 曰草上之風[72]也 曰然則何以降靈也 曰不擇善惡也[73] 曰無害無德也[74] 曰堯舜之世 民皆爲堯舜 斯世之運 與世同歸[75] 有害有德 在於天主 不在於我也[76] 一一究心 則害及其身 未詳知之 然而斯人享福 不可使聞於他人 非君之所問也 非我之所關也[77]

다시 묻기를 "입도(入道)했다가, 도를 배반하고 돌아가는 사람은 어찌하여 그렇습니까?"

---

71 전심(前心)은 입도할 때 마음, 후심(後心)은 도를 배반하고 떠날 때 마음.

72 바람 앞의 풀잎같이 자기 주견 없이 이리저리 흔들리는 사람의 마음.

73 '강령(降靈)'은 한울님의 감응으로, 지극히 정성을 드리는 사람에게 일어나는 현상이다. 그런데 입도-반도의 번복이 무상한 사람에게도 한울님의 감응이 있어 강령이 되니, 이는 어찌하여 그런 것인가 묻는 것이다. 수운 선생은 한울님의 덕은 선악을 모두 포용할 수 있기 때문이라고 대답한다.

74 한울님께서 선악을 가리지 않는다면, 잘못해도 해를 입거나 잘해도 덕을 입는 일이 없는 것인가? 묻는다. 이는 인과응보(因果應報) 관념을 전제로 한 질문이다. 이는 선천 관념에 의거한 물음이다. 후천 운에 의하면, 각자위심에 의거하여 개별적으로 해(害)와 덕(德)이 갈리는 것이 아니라 동귀일체하는 운이므로, 개인의 복과 화를 따질 수가 없다는 것이 그 요체이다.

75 '무해무덕(無害德德)'이란, 후천에는 어느 개인이 해를 입거나 덕을 받는 것이 아니라 세상의 운에 의하여 모두가 같이 돌아가는 동귀일체의 세상이 된다는 말씀이다. 요임금, 순임금같이 훌륭한 임금이 다스릴 때에는 세상 사람들이 그 덕화로 모두 요순같이 된 것처럼, 오늘의 세상은 이 세상의 운세와 동귀일체된다는 말씀이다. 여기서 중요한 것은, 요순의 덕화를 받는 것은 봉건적 질서에 의거한 상덕하달의 형태라면, 지금은 세상 사람 모두가 동등하게 시대적인 운상에 의하여 수평적으로 동귀일체한다는 만인평등의 의미를 담고 있다는 점이다.

76 사람에게 해를 내리거나 덕을 주는 것은 한울님의 소관이라는 말씀이다. 이는 앞에서 이야기한 사세지운과 같은 것으로, 이 세상의 운이 곧 한울님의 소관이라는 의미이다.

77 '사인(斯人)'은 반도자(反道者)이다. 따라서 그 뜻은 '도를 배반한 사람이 복을 누리고 못 누리는 문제는 그대들이 물어 볼 바도 아니고, 내 소관도 아니다. 다만 한울님의 소관일 뿐이다. 그러나 이들이 복을 누린다고 다른 사람들에게 말할 수는 없는 일이다.'

내 대답하기를 "이런 사람들은 족히 들어 논할 필요가 없다."

다시 묻기를 "어찌하여 들어 논할 필요가 없다는 말씀입니까?"

내 대답하기를 "이런 사람들은 경원(敬遠) 해야 하니라."

다시 묻기를 "입도(入道)를 할 때는 어떤 마음이었으며, 도를 배반하고 나갈 때는 어떠한 마음입니까?"

내 대답하기를 "바람이 불면 풀들이 바람에 쓸리어 이리저리 쓰러지듯이, 이들도 자기 주견 없이 세상의 명리(名利)에 따라 이리저리 휩쓸는 사람들이다."

다시 묻기를 "그러하시다면 어찌하여서 그와 같은 사람들도 한울님의 감응을 받아 강령(降靈)이 됩니까?"

내 대답하기를 "한울님의 덕은 선악(善惡)을 가리지 않고 이 세상 모든 만유를 포용하시기 때문이다."

다시 묻기를 "그러하시다면 해(害)도 덕(德)도 없는 것입니까?"

내 대답하기를 "요임금 순임금이 다스리던 시대에는 훌륭한 임금의 덕화(德化)를 받아 세상사람 모두 요임금 순임금과 같이 되었었다. 그러나 지금 후천 세상의 운은 요순 같은 성인의 덕화(德化)에 의하여 교화되는 것이 아니라, 이 세상 운(運)과 더불어 세상 사람이 모두 하나로 돌아가는 것이니, 사람들이 해(害)를 입거나 덕을 받는 것은 한울님께 달린 것이지 내 소관이 아니다. 하나하나 잘 살펴보니, 도를 배반하거나 훼방을 하는 사람의 몸에 해가 미치는

지, 또는 어떻게 되는지 상세히 알 수 없으나, 그러나 이 사람들이 복을 누린다고 다른 사람들에게 말할 수는 없는 것이다. 사람들이 복(福)을 받는다거나 해(害)를 입는다거나 하는 것은 그대들이 물을 바도 아니요, 또 내가 관여할 바도 아니다. 이러한 일은 다만 한울님의 소관일 뿐이다."

嗚呼噫噫 諸君之問道 何若是明明也 雖我拙文 未及於精義正宗 然而矯其人修其身[78] 養其才正其心[79] 豈可有岐貳之端[80]乎

아아! 제군들이여. 도에 관해 물어봄이 어찌 이같이 밝고 밝은가? 비록 보잘 것 없는 내 글이 바른 도의 원리에 미치지는 못하나, 그러나 사람 됨됨이를 바르게 하고, 또 몸을 닦고, 타고난 재질을 바르게 키우고 마음을 올바르게 하면, 어찌 두 갈래 길에서 갈 바를 모르고 방황을 하겠는가?

---

78 '바르지 못한 사람을 바르게 잡고, 몸을 닦는다.' 사람 됨됨이를 바르게 하는 교화 방법이다.

79 '사람의 재질을 키우고, 마음을 바르게 한다.' 교기인수기신(矯其人修其身)이 외적인 교화라면, 이는 내적인 교화라고 할 수 있다.

80 '기이(岐貳)'는 두 개로 나뉘는 것. 따라서 '두 갈래로 나누어지는 단초'라고 풀이할 수 있다.

凡天地无窮之數[81] 道之無極之理[82] 皆載此書 惟我諸君 敬受此書 以助聖德 於我比之 則況若甘受和白受采[83] 吾今樂道 不勝欽歎故 論而言之 諭而示之 明而察之 不失玄機[84]

우주의 무궁한 섭리와 무극대도(無極大道)의 심오한 이치가 모두 이 글에 담겨 있으니, 그대들은 이 글을 공경히 받아 한울님의 성스러운 덕이 이 세상에 펼쳐질 수 있도록 마음을 다하라. 비유하여 말한다면, 단맛이 모든 맛을 잘 받아들여 조화를 이루는 것과 같은 것이요, 흰색이 다른 색을 잘 받아들여 채색의 조화를 잘 이루는 것과 같은 것이다. 내 지금 도를 즐기어, 그 기쁘고 기쁜 마음을 스스로 이기지 못하겠구나! 이러한 까닭으로, 논하여 말하고, 또 가르침을 일깨워 보이나니, 밝히고 또 상세히 살펴서 현묘(玄妙)하게 드러나는 그 기회를 잃지 않도록 하라.

---

81 천지의 운수는 다함이 없다는 말로써, 무왕불복(無往不復)의 이치에 의하여 간 것은 돌아오고, 돌아온 것은 다시 가게 되며, 선천이 가면 후천이 온다는 우주의 무궁한 섭리를 말한다.

82 우주의 궁극(無極) 원리는 어떤 작위 없이 이루어지는 것, 곧 무위이화임을 의미한다.

83 '단맛이 다른 맛을 잘 받아들여 잘 섞이는 것이며, 흰색이 채색을 잘 받아들인다.'는 뜻이다. 즉 수운 선생의 이 말씀은 우주의 무궁한 운수와 도의 무궁한 이치가 담긴 이 글을 받아 교기인(矯其人) 수기신(修其身) 양기재(養其才) 정기심(正其心)하게 되면, 단맛이 모든 맛을 잘 받아들일 수 있듯이, 또는 흰색이 모든 색을 잘 받아들이듯이, 한울님의 뜻에 잘 순응하게 되어 무궁한 도를 몸소 체득할 수 있게 된다는 의미이다.

84 '현기(玄機)'란 현묘한 기틀, 혹은 기회를 뜻하는 것으로, '현(玄)'이란 사람의 눈에 보이지도, 귀에 들리지도, 또 드러나지도 않는 것이다. 다만 한울님의 조화 곧 무위이화에 의하여 작용되는 기틀, 기회인 것이다. 따라서 이렇듯 이야기하고 있는 것은 수련을 열심히 해서 한울님의 뜻에 맞는 그 시기, 즉 현기를 놓치지 말고 한울님의 가르침을 깊이 체득하라는 당부의 말씀이다.

수덕문
(修德文)

「수덕문」은 1862년 3월 수운 선생이 은적암에서 돌아온 이후, 자신의 경주귀향(慶州歸鄕)을 아무에게도 알리지 않고, 제자인 박대여(朴大汝)의 집에 머물면서 그 해 6월에 쓴 글이다. 「논학문」이 서학과의 비교를 통해 동학의 본체를 밝힌 글이라면, 「수덕문」은 동학이 조선조를 지탱해 온 유학(儒學)과 근원적으로 어떻게 다르면 또 어떤 점이 유사한가를 밝힌 글이다. 또한 '수덕문'이라는 제목에서 알 수 있듯이, 도를 행하는 사람들이 지켜야 할 준칙과 도를 닦으면 어떤 변화된 삶을 사는가 등의 동학의 수행, 준칙 등을 담고 있다.

수덕문(修德文)

元亨利貞[1] 天道之常[2] 惟一執中[3] 人事之察[4]

故生而知之[5] 夫子[6]之聖質 學而知之[7] 先儒之相傳[8] 雖有困而得之[9] 淺見薄識 皆由於吾師之盛德[10] 不失於先王之古禮[11]

우주만유가 생성되고, 그 만물이 자라나 무성해지고, 그 무성함의 끝에 결실을 맺고, 또 갈무리되는, 원형이정은 천도의 변하지 않는 원리이다. 또한 천도의 중심을 잡는 것이 바로 올바른 사람살

---

1 하늘의 변하지 않는 네 가지 덕, 사물의 근본 원리. '원(元)'은 시초(始), 만물이 돋아나기 시작하는 봄, 인(仁). '형(亨)'은 모든 것이 서로 통하도록 조리가 밝아 환한 것(通暢), 만물이 자라는 여름, 의(義). '이(利)'는 마침내 이룩하는 것(遂成), 만물이 결실을 이루는 가을, 예(禮). '정(貞)'은 굳게 지켜(固) 사물의 근간이 된다, 만물이 갈무리되어(收藏) 동요하지 않는 겨울, 지(智)이다.

2 원형이정(元亨利貞)이 천도의 원리로서 조금의 어김 없이 한결같다는 말이다.

3 '유일(惟一)'이란 '오직 한결 같음.' '집중(執中)'은 '지나치거나(過) 모자라지(不及) 않고, 그 중심의 마땅하고 떳떳함 잡는 것이다. 즉 하늘의 이치에 합당하게 살아가는 것을 의미한다.

4 '인사(人事)'는 사람이 행하는 모든 것. 사람이 하늘의 이치에 따라 살아가느냐를 살핀다는 뜻.

5 누구에게 배우지도 않고 태어나서 저절로 세상의 모든 이치를 아는 성인의 자질을 말한다.

6 스승이라는 뜻으로, 여기서는 옛 성인을 일컫는다.

7 스승이 되는 선각자에게 배워서 아는 것을 뜻한다. 현자(賢者)의 자질을 말함.

8 '선유(先儒)'는 옛 선비들. 유학에서는 공자 후에 나온 훌륭한 선비들을 선유라고 부른다. 이들은 공자의 가르침을 이어 서로 배우고 가르쳐, 그 가르침을 서로 이어왔다는 말이다.

9 아주 힘들여서 배움을 얻는 것. 보통 사람들의 자질을 말한다.

10 '오사(吾師)'는 옛날의 훌륭한 스승, 즉 옛 성인의 훌륭한 덕을 말한다.

11 고대의 성인 임금, 즉 주 문왕과 같은 임금들이 백성을 가르치기 위하여 만든 예법을 말한다.

이를 위해 꼭 살펴야 할 일이 된다.

그러한 까닭으로 생이지지한 성인의 자질의 스승님들이 이 세상에 나왔고, 그 가르침을 이은 학이지지한 선유들이 서로 전해준 것이기 때문에, 비록 곤이득지한 보잘 것 없는 식견을 지닌 우리의 학식이라도, 모두 스승님의 성덕으로부터 나오지 않은 것이 없다. 이 모두 옛 임금들이 펼친 예의와 법도를 잃지 않은 것들이다.

余出自東方 無了度日 僅保家聲 未免寒士 先祖之忠義 節有餘於龍山[12] 吾王之盛德 歲復回於壬丙[13] 若是餘蔭 不絶如流 家君出世名盖一道 無不士林之共知[14] 德承六世 豈非子孫之餘慶[15]

나는 동방에서 태어나 무료하게 세월을 보내며, 겨우 가문이나 지키는 가난한 선비 행색을 면치 못하였다. 선조께서 보여주셨던 충의는 그 절개가 용산(龍山書院)에 남아 있고, 우리 임금님의 훌륭한 덕은 그 옛날 임진왜란과 병자호란이라는 위기를 모두 슬기롭

---

12 '선조(先祖)'는 수운 선생 7대조인 정무공 최진립(崔震立). 정무공은 임진왜란에 공을 세우고, 정유재란 때 다시 공을 세웠으며, 병자호란 때에 용인 험천 땅에서 전사하였다. 이후 조정에서 그 공을 높이 사, 숙종 25년에 경주 남쪽 용산 땅에 사당을 세웠고, 뒷날 용산서원이 되었다.

13 '오왕(吾王)'은 순조(純祖). 임진, 병자의 국가적인 변란을 겪었지만, 이를 잘 극복하고 세월이 지났는데, 다시 임진년과 병자년을 순조 임금 대에 다시 맞이하게 되었다는 말이다.

14 부친 근암공의 명성이 영남 일대에 알려져 모든 선비들이 모르는 사람이 없다는 말이다.

15 7대조인 최진립의 음덕이 이어져, 근암공 같은 학자가 나오고 그 이름이 한 도를 덮은 것은, 다름 아니라 자손들의 여경이라는 말씀이다.

게 극복하고, 지금 다시 임진년과 병자년을 맞이하게 되었다.

조상님들의 음덕이 끊이지 않고 후세로 전해져서, 나의 아버님과 같은 훌륭한 선비가 우리 집안에 태어나게 되었다. 아버님의 훌륭한 도덕과 문장은 경상도 일대를 뒤덮어, 사림들이 모르는 사람이 하나도 없었다. 조상님들의 음덕이 여섯 대에까지 이어졌으니, 어찌 자손에게 돌아오는 경사가 없겠는가?

噫 學士之平生 光陰之春夢[16] 年至四十 工知芭籬之邊物[17] 心無青雲之大道 一以作歸去來之辭[18] 一以詠覺非是之句[19] 携筇理履[20] 况若處士之行 山高水長[21] 莫非先生之風

아아, 글 읽는 선비의 한 생애가 흐르는 세월 속 마치 한바탕 봄꿈과도 같아, 연세가 사십에 이르러서는 평생 공부한 것이 마치 울

---

16 근암공을 지칭한다. 근암공께서 평생 공부하였으나 과거에 실패하고 허무하게 세월을 보냈으므로, 이렇게 이야기한 것이다. '광음'은 세월. '춘몽'은 일장춘몽을 뜻한다.

17 '파리(芭籬)'는 울타리. '울타리가의 물건'이란 아무 쓸모없어진 것을 말한다. 근암공이 과거에 몇 번 실패하고, 평생 공부한 것이 쓸 데 없는 것이었음을 알게 되었다는 말이다.

18 진나라의 도연명이 지은 글. 도연명이 팽택 현령 노릇을 하다가, 그 구차함을 꺼려 고향으로 돌아와 이 글을 지었다.

19 도연명의 〈귀거래사〉에 나오는 구절. 어제 벼슬에 있던 일은 잘못이고 이제 고향으로 돌아가는 일은 옳다는 것을 깨달았다는 뜻이다.

20 '지팡이를 잡고 나막신을 신고.' 근암공이 고향에 내려와 살던 모습을 비유적으로 말한 것이다.

21 후한 때 사람 엄자릉이 동강칠리탄(棟江七里灘)에서 낚시질을 하며 사는데, 옛 친구인 광무제가 간의대부라는 벼슬을 시키려고 해도 굳이 거절하고 산간에서 살았다. 엄자릉의 풍모를 후인이 "산이 높고 물이 긴 것과 같다(先生之風 山高水長)"고 한 데서 은둔 처사의 풍모를 말하게 되었다.

타리가로 버려진 물건과 같이 쓸모없어졌음을 알게 되었다. 그러므로 이제 벼슬길에 오를 뜻조차 버리게 되었다.

한편으로는 귀거래사를 짓고 한편으로는 각비시(覺非是)의 시를 읊으며, 지팡이를 짚고 나막신을 끌며 소요하니, 마치 처사의 행색과 같고, 산이 높고 물 또한 장구하니 은둔한 선비의 풍모와 같다.

龜尾之奇峯怪石 月城金鰲之北[22] 龍湫之淸潭寶溪 古都馬龍之西[23] 園中桃花 恐知漁子之舟[24] 屋前滄波 意在太公之釣[25] 檻臨池塘 無違濂溪之志[26] 亭號龍潭 豈非慕葛之心[27]

---

22 구미산은 경주시 현곡면에 있는 높이 594미터의 산이다. 용담정이 이 산 중에 있다. 월성은 경주시 동남쪽에 있던 성. 반월성이라고 부른다. 금오산은 경주 남쪽에 있는 산으로, 흔히 남산(南山)이라고 부른다. 높이 468미터. 즉 수운 선생이 도를 받고, 또 근암공께서 제자를 가르치던 용담정이 있는 구미산은 월성과 금오산의 북쪽에 있다는 말이다.

23 '용추(龍湫)'는 용담정 앞을 흘러내려가는 계곡. 용담 일대 사람들은 지금도 '용치골'이라고 부른다. '마룡'은 현곡면의 한 마을 이름. 즉 용추계곡을 흘러 내리는 물은 맑은 못을 이루고 보석같이 아름다운 시내를 이루는데, 이 계곡은 마룡 마을 서쪽에 있다는 말이다.

24 도연명의 〈도화원기(桃花源記)〉에 나오는 이야기를 원용한 것으로, 어부가 배를 타고 계곡을 따라 올라가다 복사꽃잎이 물에 흘러내려 오는 것을 보고는, 그 꽃잎을 따라가서 무릉도원(武陵桃源)이라는 선경(仙境)을 발견하게 되었다는 이야기이다. 용담의 아름다운 경치가 혹 그 복사꽃잎 때문에 어부에게 알려질까 두렵다는 말로, 경관의 아름다움을 강조하는 말이다.

25 '태공(太公)은 강태공. 강태공(姜太公)이 위수(渭水) 물가에서 낚시를 드리우고 세월을 기다리다, 주나라 문왕을 만나 그의 스승이 되었으며, 그 후 문왕의 아들 무왕을 도와 은(商)나라를 정벌하고 천하를 평정하였다. 용담 계곡 물과 이를 연결시켜 근암공을 찬미한 것이다.

26 '지당(池塘)'은 연못으로, 특히 연꽃이 피어 있는 연못을 말함. '염계(濂溪)'는 송나라 때의 대학자인 주돈이(周敦頤, 1017-1073)의 호임. 〈태극도설(太極圖說)〉과 〈통서(通書)〉를 지어 성리학(性理學)의 토대를 세움. 주돈이가 지은 〈애련설(愛蓮說)〉이라는 글에 연꽃을 군자(君子)에 비유한 말이 나온다. 근암공이 연꽃이 자라는 지당(池塘) 가까이에 있는 정자에서 제자들을 가르치며 지낸 것은 바로 이 주돈이가 군자의 꽃인 연꽃을 사랑한 그 마음과 같다는 의미이다.

27 '갈(葛)'은 남양(南陽)에 숨어 살다가 유비(劉備)의 삼고초려(三顧草廬)를 받고 세상에 나와 촉한(蜀漢)을 세우는 데에 결정적인 공을 이룬 제갈양(諸葛亮)을 지칭하는 말임. 제갈양이 남양에 있으며,

기이한 봉우리와 괴이한 바위가 있는 구미산은 월성과 금오산의 북쪽에 자리하고, 맑은 못과 보석처럼 아름다운 물이 흐르는 계곡 용추는 옛 신라의 서울 경주 마룡의 서쪽에 있다. 복사꽃 흐드러진 정원은 옛날 어부가 찾았던 무릉도원 같은 경관을 갖고 있어 세상 사람들에게 알려질까 두렵고, 용담정 앞으로 흐르는 시냇물은 주공을 도와 천하를 얻은 강태공이 낚시를 드리우고 세월을 낚던, 그 뜻을 품고 있구나. 용담정 가까이 연꽃이 핀 못이 있으니, 이는 바로 송나라 주렴계가 군자를 비유한, 연꽃을 아꼈던 그 마음을 지니고자 함이요, 정자의 이름을 용담이라고 하였으니, 어찌 남양 땅에 숨어 때를 기다리던 제갈양을 사모하는 마음이 아니겠는가.

難禁歲月之如流 哀臨一日之化仙 孤我一命 年至二八 何以知之 無異童子 先考平生之事業 無痕於火中 子孫不肖之餘恨 落心於世間 豈不痛哉 豈不惜哉

물처럼 흐르는 세월을 막을 수 없어라. 하루아침에 문득 아버님 돌아가시는 슬픔을 당하고 말았구나. 나이 이제 겨우 열여섯 살,

---

스스로 와룡(臥龍)이라 자호를 하고, 자신을 누워 있는 용으로 비유하였다. 이 와룡과 용이 나올 것이라는 의미의 용담(龍潭)은 그 뜻이 서로 통한다고 하겠다. 그러므로 정자의 이름을 용담이라고 한 것은 제갈양의 그 큰마음을 사모하기 때문이라는 이야기이다.

무엇을 알겠는가. 어린아이와 다름이 없도다. 아버님이 평생 이루신 사업은 어느 날 문득 일어난 화재로 모두 타 없어져 흔적조차 없게 되었으니, 못난 자손의 여한은 세상에 낙심만 될 뿐이로구나. 이 어찌 통탄스럽고 애석치 아니 하겠는가.

心有家庭之業 安知稼穡之役 書無工課之篤 意墜青雲之志 家產漸衰 未知末梢之如何 年光漸益 可歎身勢之將拙 料難八字 又有寒飢之慮 念來四十 豈無不成之歎 巢穴未定 誰云天地之廣大 所業交違 自憐一身之難藏

집안을 잘 꾸려나갈 마음은 있으나 뿌리고 거두어 들이는 농사짓는 일을 알지 못하며, 글공부를 독실하게 하지를 못하였으니 벼슬에 나아갈 뜻과 마음 모두 잃어버렸도다. 집안이 점점 기울어 마지막에는 어떻게 될지 알 수 없구나. 한 해 한 해 나이는 들고 신세가 장차 처량해질 것이 한탄스럽고, 내 팔자가 어려울 것을 헤아려 보니 춥고 배고플 근심만이 있을 뿐이로구나. 머지않아 나이 사십이 될 것을 생각하니, 어찌 아무것도 이루지 못한 한탄이 없겠는가? 마땅히 이 한 몸 거처할 곳도 정하지 못하였는데 누가 이 천지가 광대하다고 말하였는가. 하고자 하는 일이 어긋나기만 하고 이 한 몸 거두기조차 어려우니 스스로 슬프지 않을 수 없구나.

自是由來 擺脫世間之扮撓[28] 責去胸海之弸結[29]

처연한 처지를 깊이 절감한 이후, 마음속 복잡하고 번거로운 일들을 모두 과감히 떨쳐 버리고, 가슴속 얽혀 있는 생각들을 모두 꾸짖어 떨치듯 버렸다.

龍潭古舍[30] 家嚴之丈席[31] 東都新府[32] 惟我之故鄕 率妻子還捿之日 己未之十月[33] 乘其運道受之節 庚申之四月[34] 是亦夢寐之事 難狀之言

용담 옛집은 아버님께서 거처하시며 선비들의 우러름을 받던 곳이다. 경주는 나의 오랜 고향이다. 처자를 거느리고 경주로 돌아온 날은 기미년(己未, 1859) 10월이요, 후천 오만년의 운을 타고 무극대도를 받은 때는 경신년(庚申, 1860) 4월이다. 이 역시 잠인지 꿈인지

---

28 '파탈(擺脫)'은 털어 없애 버림, '분(扮)'은 혼잡함, '요(撓)'는 번거러움, 흔들림(=擾). 세상의 복잡하고 번거로운 모든 일들을 떨쳐 없앤다.

29 '흉해(胸海)'는 가슴속. '붕(弸)'은 가득하다(滿). '결(結)'은 얽어매어 있음. 가슴 속에 가득히 맺혀 있는 것들을 스스로 꾸짖어 버린다.

30 용담에 있는 옛집이라는 뜻으로, 용담정을 지칭한다.

31 '가엄(家嚴)'은 아버지. '장석(丈席)'은 학문과 덕망은 사람이 뭇사람의 우러름을 받고 앉는 자리. 아버지가 여러 선비들의 우러름을 받으며 앉아 계시던 곳.

32 '동도(東都)'는 경주. 경주가 우리나라의 동쪽 있기 때문에, 신라 이후 동도, 동경(東京)이라고 불렀다.

33 수운 선생이 울산 처가에서 지내다가, 고향인 용담으로 돌아온 것은 기미년(1859년) 10월이다.

34 후천 오만년의 운을 타고 한울님께 무극대도를 받은 때가 경신년(1860년) 4월이라는 말이다.

모르는 사이에 일어난 일이요, 말로서는 형용하기 어려운 일이로구나.

察其易卦大定之數[35] 審誦三代敬天之理[36] 於是乎 惟知先儒之從命自歎後學之忘却

주역 괘의 대정수를 살펴보고, 또 하·은·주 삼대의 임금들이 하늘을 공경한 그 이치를 살펴보니, 옛 선비들이 천명을 따랐던 것을 비로소 알겠으며, 오늘의 후학들이 훌륭한 선왕과 선유들의 가르침을 망각하였음을 스스로 탄식하지 않을 수 없구나.

修而煉之 莫非自然 覺來夫子之道 則一理之所定[37]也 論其惟我之道 則大同而小異[38]也 去其疑訝 則事理之常然[39] 察其古今 則人事之

---

35 천지자연의 법칙을 상징하는 수. 대정수에는 하늘을 상징하는 천수(天數), 땅을 상징하는 지수(地數)가 있다. 천수는 홀수로서 일 삼 오 칠 구, 지수는 짝수로서 이 사 육 팔 십이다. 천수의 합은 25이고, 지수의 합은 30이다. 이를 합한 55 숫자에서 천지의 모든 변화가 생긴다고 한다.

36 삼대(三代)는 하·은·주. 삼대의 임금인 우, 탕, 문왕이 하늘을 공경하여 덕치를 베푼 것을 살펴보았다.

37 부자(夫子)는 공자. 공자의 도도 깨닫고 보니 하늘을 공경하고 천도를 행하는, 그 이치로 정해져 있다.

38 수운 선생이 한울님께 받은 도를 논해 보니, 하늘의 이치를 말씀한 공자의 도나 수운 선생의 도나 모두 천도라는 면에서는 서로 같지만 이를 얻기 위하여 수행하고 시행하고 실천하는 등의 작은 부분에서는 서로 다르다는 말씀이다.

39 이것인가 저것인가 하는 의심을 버리면, 확고한 믿음을 지닐 수 있다는 말이다.

所爲[40]

不意布德之心 極念致誠之端[41] 然而彌留[42] 更逢辛酉 時維六月 序屬三夏 良朋滿座 先定其法 賢士問我 又勸布德

한울님으로부터 받은 도를 닦고 헤아려 보니 자연의 법칙 아님이 없구나. 옛 성인의 도를 깨닫고 보니 한 가지 이치로 정해진 바로다. 나의 도를 논해 보니 옛 성인의 도와 큰 부분에서는 서로 같고 작은 부분에서 다를 뿐이다. 마음으로부터 일어나는 의심을 버리니 모든 일의 이치가 분명하고 떳떳하게 밝혀지도다. 예로부터 지금까지 내려오던 모든 도를 살펴보니, 옛 성인들의 가르침이나 오늘 나의 가르침이나 모두 궁극적으로 세상 사람들이 마땅히 따르고 행해야 할 바이로다.

포덕하려는 마음을 접어 두고 오직 지극히 수련에 임하고자 미루어 오다가, 마침내 신유년(辛酉, 1861)을 맞이하였다. 때는 6월이요 절기로는 여름철이었다. 찾아오는 어진 벗들로 용담의 자리는

---

40 '고금(古今)'은 전통적인 가르침인 공자의 도와 수운 선생이 펼 도를 말한 것이다. 즉 고금의 모든 도를 살펴보니, 옛 성인이 펼친 도도 하늘을 공경하고 하늘의 이법에 순응하라는 것이고, 오늘의 도 역시 이와 마찬가지라는 것이다. 그러므로 이는 곧 사람이 마땅히 해야 할 바라는 것이다.

41 세상 사람들에게 도를 전할 마음을 갖지 않고, 오직 수련에 임할 생각만 하였다는 말이다.

42 '미류(彌留)'란 오랫동안 병 따위를 치유하지 못하고 그냥 지내는 것. 여기서는 '무극대도를 받으신 이후에 치성과 수련만 힘쓰고, 포덕을 오랫동안 미루다가.'의 뜻이다.

가득했다. 그들에게 먼저 법도를 정해여 주었다. 어진 선비들은 도에 관하여 묻고 세상 사람들을 향하여 포덕할 것을 권하였다.

胸藏不死之藥 弓乙其形[43] 口誦長生之呪 三七其字[44]

가슴에는 불사약을 감추고 있으니 그 형상은 궁을이요, 입으로는 장생하는 주문을 읊으니 삼칠자이다.

開門納客 其數其然[45] 肆筵設法 其味其如[46] 冠子進退[47] 況有三千之班[48] 童子拜拱 倚然有六七之詠[49] 年高於我 是亦子貢之禮[50] 歌詠

---

43 불사약은 영부(靈符)를 말한다.

44 입으로 읽는 장생의 주문은 동학(천도교)의 스물한 자 주문을 말한다.

45 포덕하기 위하여 용담의 문호를 활짝 열자 도를 받으러 오는 사람들의 수가 매우 많았다.

46 자리를 펴고 천도의 설법을 펼치니, 도를 펴는 즐거움이 무한하다는 말씀이다.

47 '관자(冠子)'는 갓 쓴 어른. 수운 선생의 제자들이 도를 받기 위하여, 예를 갖추어 도열하여 나아가고 들어오는 광경을 묘사한 것이다.

48 '삼천지반(三千之班)'은 공자의 제자 삼천 명이 반열을 이루어 공자를 모시고 나아가고 들어가는 모습. 수운 선생이 제자들에 싸이어 가르침을 펴는 모습이 마치 공자의 경우와 같다고 비유한 것이다.

49 공자가 제자들에게 "가슴에 담고 있는 뜻을 말해 보라." 하니, 증석(曾晳)이라는 제자가, "갓을 쓴 어른 오륙 인과 어린이 육칠 인을 데리고 기수(沂水)에서 목욕하고, 무우(舞雩, 기우제 드리는 단)에서 바람 쐬고 시를 읊으며 돌아오고 싶습니다."라고 대답하였다. 즉 수운 선생이 문답을 통하여 제자들에게 가르침을 편 것이 공자와 유사함을 비유한 말씀이다. '의(倚)'는 '의(依)'와 통한다.

50 자공(子貢)은 공자 제자 중 한 사람. 자공은 절제와 증도의 예로 나이가 자신보다 많은 사람에게 가르침을 펼 때, 많은 나이를 존중하되 가르치는 절도를 잘 지켰다. 이와 같은 면 때문에 자공의 예라고 한 것이다.

而舞 豈非仲尼之蹈[51]

용담의 문을 활짝 열고 찾아오는 사람들을 맞이하니 그 수효는 헤아릴 수 없을 정도로 많았고, 자리를 펼치고 가르침을 펴니 그 즐거움이 또한 무한히 크구나. 갓 쓴 어른들이 예의를 갖추어 가르침을 받고자 앞으로 들어오고 또 나아가니, 이는 마치 옛날 공자가 가르침을 펼 때, 삼천 제자들이 정렬하여 들고 나던 그 모습과 흡사하고, 나이 어린 동자들이 공손히 손을 모아 읍하며 나고 드니, 옛 공자의 제자인 증석의 노래처럼, 늦은 봄날 목욕하고 시를 읊으며 봄바람결에 돌아오는 아이들의 즐거운 노래를 오늘 다시 듣는 듯하구나. 도를 묻는 사람 중에는 나보다 나이가 많은 사람도 있으니, 이는 마치 그 옛날 절제와 중도로 예를 지키던 자공과 같구나. 노래 부르고 시를 읊고 춤을 추니, 이는 바로 그 옛날 공자께서 법도와 예의를 갖추어 제자들과 더불어 노래하고 춤추던, 바로 그 모습이 아니겠는가.

---

51 중니(仲尼)는 공자의 자(字). 공자가 제자들과 큰 나무 아래에서 노래하고 시를 읊으며, 춤을 추며 예를 익혔다는 고사가 있다. 수운 선생이 제자들을 가르치며, 더불어 즐거운 시간을 보내므로, 공자의 경우와 유사함을 비유해서 하신 말씀이다.

仁義禮智[52] 先聖之所教 守心正氣[53] 惟我之更定

인의예지 네 덕목은 선천의 성인이 가르친 바이고, 수심정기 네 글자는 오직 내가 다시 정한 것이다.

一番致祭 永侍之重盟[54] 萬惑罷去 守誠之故也[55] 衣冠整齊 君子之行 路食手後 賤夫之事[56] 道家不食 一四足之惡肉[57] 陽身所害 又寒泉之急坐[58] 有夫女之防塞 國大典之所禁[59] 臥高聲之誦呪 我誠道之太慢[60] 然而肆之 是爲之則[61]

---

52 인의예지(仁義禮智). 사단(四端)이라고 한다. 사단은 사람이 태어날 때 하늘로부터 품부 받은 것으로, 사람이 사람다울 수 있는 근본을 말한다.

53 계미중춘판 등에는 닦을 수(修)로 되어 있으나, 현행 천도교에서는 지킬 수(守)로 써서 '마음을 지키고 기운을 바르게 한다.'로 푼다. 이때 마음은 한울님으로부터 받은 그 마음이다. 따라서 수심(守心)은 한울님 마음을 지키는 것, 정기(正氣)는 그 마음에 따라 올바른 실천을 하는 것이다.

54 '치제(致齊)'는 입도식(入道式). '영시'는 한울님을 영원히 모심. 결국 한울님 모심을 영원히 잊지 않겠다는 맹세를 한다는 뜻이다.

55 '만혹(萬惑)'은 신앙하면서 생기는 의혹, 특히 한울님 모심을 의심하는 마음이다. '파거'는 깨뜨려 없애 버림. '수성'은 정성껏 믿음. 온갖 의심을 떨쳐 버려야 그 믿음을 온전히 할 수 있다.

56 '노식(路食)'은 길에 다니며 음식을 먹는 것. '수후'는 뒷짐 지는 거만하고 게으른 자세. '천부지사(賤夫之事)'는 천한 사람들이나 하는 일.

57 '도가(道家)'는 곧 동학을 신앙하는 도인의 가정. 일사족지악육에서 '일(一)'은 '오직 하나'라는 강조의 의미. '사족지악육(四足之惡肉)'은 네 발을 가진 짐승의 나쁜 고기로, 곧 개고기를 의미한다.

58 '양신(陽身)'은 살아 있어 따뜻한 사람의 몸. 따라서 갑자기 차가운 물에 들어앉는 것은 해롭다. 이는 해월 최시형 선생이 수련을 할 때에 들었다는 천어(天語)이기도 하다.

59 '방색(防塞)'은 가리고 막는다는 뜻으로, 남편이 있는 부인네가 문란하게 생활하는 것을 금하는 것. '국대전(國大典)'은 나라의 법이다.

60 누워서 큰 소리로 주문을 외우는 것은 도에 정성을 드리는 이로서는 태만한 자세라는 뜻.

61 '연이(然以)'는 '그러니.' '사지(肆之)'는 이와 같은 여러 가르침을 편다, 정한다의 의미. 따라서 이러

입도를 위해 치제하는 것은 한울님 모셨음을 영원히 잊지 않겠다고 중히 맹세하는 것이다. 마음속에 일어나는 의혹을 깨뜨려 없애는 것은 정성된 마음을 지키는 길이다. 단정한 옷차림은 군자가 갖출 행실이요, 걸으면서 음식을 먹는다거나 뒷짐을 지고 걷는 것은 천한 사람의 행실이다. 동학도인의 가정에서 오직 먹지 않는 것은 네 발을 가진 악육(惡肉)이고, 사람의 몸에 해로는 것은 차가운 물에 급하게 들어앉는 것이다. 남편이 있는 부녀자 행실이 문란하지 않도록 하는 것은 국법에 있고, 누워 큰 소리로 주문을 외우는 것은 정성 드려야 할 도 닦음에 태만한 모습이다. 이는 반드시 지켜야 하는 법칙이 된다.

美哉 吾道之行 投筆成字 人亦疑王羲之跡[62] 開口唱韻 孰不服樵夫之前[63] 懺咎斯人 慾不及石氏之貲[64] 極誠其兒 更不羨師曠之聽[65]

한 여덟 가지로서 도인들이 지켜야 할 법칙을 삼는다는 말이다.

62 '왕희지(王羲之)'는 중국 진나라 때의 명필로서, 해서와 초서에 능함. 수련의 깊은 경지에 들어가면, 글씨를 잘못 쓰던 사람도 잘 쓰게 되어, 왕희지가 쓴 글씨인지 생각할 정도가 된다는 말이다.

63 '초부(樵夫)'는 나무나 꼴을 베는 사람. 초부 같이 문식이 없는 사람도 우리 도를 깊이 깨친 사람은 운을 붙여 시를 지을 수 있으며, 세상의 사람 모두 그 시에 감탄하여 감복한다는 말.

64 '석씨(石氏)'는 중국 진나라 때의 부자 석숭(石崇). 허물을 참회하면 그 자체가 인생을 풍요롭게 살아갈 수 있는 자본이 된다. 그러므로 석숭의 엄청난 재물이 눈앞에 있어도 욕심을 내지 않게 된다.

65 '사광(師曠)'은 중국 진나라 때의 음악가로 미세한 소리의 의미를 모두 분별해서 들을 수 있는 능력이 있었다. 지극한 정성으로 도를 닦는 사람은 사광도 부러워하지 않을 정도로 세상의 모든 이치에 밝아 질 수 있다는 뜻.

容貌之幻態 意仙風之吹臨[66] 宿病之自效 忘盧醫之良名[67]

아름답구나, 우리 도가 행하여짐이여! 도에 입도하여 열심히 수도하면, 이내 왕희지같이 글씨를 잘 쓸 수 있게 되고, 나무 하고 꼴이나 베던 초부라고 해도 세상 사람들이 절로 무릎을 칠 시를 읊게 된다. 우리 도를 정성으로 믿어 지난날의 잘못을 뉘우치면 중국 최고 부자라는 석숭의 재물에도 마음이 흔들리지 않을 것이요, 도에 지극한 정성을 드리는 사람은 스스로 세상 이치에 통달하여 사광의 총명도 부러워하지 않게 된다. 용모가 신선같이 훤하게 되는 것은 그 뜻에 신선의 바람이 깃들기 때문이요, 오랫동안 앓아오던 병도 저절로 나으므로 편작의 이름조차도 잊어버리게 된다.

---

66 도를 닦아 신선의 용모와 같이 환골탈태(換骨奪胎)된 것.

67 오랜 병으로 고생하던 사람도 우리 도를 닦으면 저절로 병이 나아서, 노의(盧醫)와 같이 훌륭한 의사의 이름까지 잊게 된다는 말임. '노의'는 주나라 때의 명의인 편작(扁鵲).

雖然 道成德立 在誠在人[68] 或聞流言而修之 或聞流呪而誦焉[69] 豈不非哉 敢不憫然 憧憧我思 靡日不切[70] 彬彬聖德 或恐有誤[71] 是亦不面之致也 多數之故也[72] 遠方照應而亦不堪相思之懷[73] 近欲敍情而必不無指目之嫌[74] 故作此章 布以示之 賢我諸君 愼聽吾言

그러나 한울님의 도를 온전히 이루고 한울님의 덕을 오롯이 세우기 위해서는 수도하는 사람의 바른 마음과 정성이 있어야 하며, 스승으로부터 도를 바로 전수받아 바르게 닦아야 한다. 지금 세상의 많은 사람들이 혹 떠도는 말을 잘못 듣고 헛되이 도를 닦고, 혹

---

68 '수연(雖然)'은 '그러나.' 즉 우리 도에 입도하여 수련하면, 여러 면에서 사람의 자질이 바뀌게 되지만 우리 도의 궁극적인 목적인 한울님의 도를 이루고 덕을 세우기 위해서는 무엇보다, 정성을 드릴 마음의 자세와 올바른 도를 가르칠 수 있는 사람에게서 공부해야 한다는 말씀이다.

69 '유언(流言)과 유주(流呪)'란 올바른 가르침이 아닌, 떠도는 말이다. 사람들이 떠도는 이야기와 주문을 듣고 잘못 수련하는 폐단을 걱정한 것이다. 특히 수운 선생이 관의 지목을 피해 전라도 은적암에 머무르면서, 제자들이 잘못된 가르침에 빠지는 것을 걱정한 말씀이다.

70 '동동(憧憧)'은 마음이 놓이지 않아 안타깝고 어찌할 바를 모르는 모양. 수운 선생은 용담을 떠나 은적암으로 가는 동안 "행장을 차려내어 수천리를 경영하니 수도하는 사람마다 성지우성 하지마는 모우미성(毛羽未成) 너희들을 어찌하고 가잔 말가(교훈가)"라고 노래하였다. '미일부절(靡日不切)'은 날로 간절하지 않은 날이 없었다는 뜻.

71 '빈빈(彬彬)'은 빛나는 모양, 즉 한울님의 빛나는 성스러운 덕. 이러한 덕을 세상에 떠도는 말(流言)이나 세상에 떠도는 주문(流呪)에 의하여 닦으려 하다가, 잘못 전해질까 두렵다는 말씀이다.

72 수운 선생이 길을 떠난 이후, 서로 오랫동안 얼굴을 마주하여 교화하지 못했고, 또 도인들이 급속히 늘어나면서 혹 그릇됨을 미처 고치지 못한 도인들이 있음을 걱정을 하시는 말씀이다.

73 '원방조응(遠方照應)'은 먼 곳에 떨어져 있으면서 서로 마음의 영기(靈氣)로써 비추어 주고 또 응함. 이렇듯 몸이 서로 멀리 떨어져 있어 서로 그리워하는 회포는 이길 수 없다는 말씀. 제자들을 그리워하는 수운 선생의 마음이 연연히 나타나고 있다.

74 가까이 서로 만나 마음에 담긴 뜻을 흉금 없이 펴고 싶으나, 관으로부터의 지목이 있어, 그러지 못하는 안타까운 심정을 표현한 말씀이다.

풍문으로 잘못된 주문을 듣고 읽으며 수련하는 일이 많으니, 어찌 잘못된 일이 아니며, 민망한 일이 아니겠는가. 안타까운 마음이 간절하지 않은 날이 없구나. 밝고 밝은 한울님의 성스러운 덕이 혹 잘못될까 두려울 뿐이다. 이와 같이 된 것은 내가 멀리 떨어져 있어 서로 얼굴을 마주하고서 가르침을 주지 못한 탓이요, 우리 도인의 수가 나날이 늘어났기 때문이다. 이렇듯 우리가 서로 멀리 떨어져 있으며 마음으로 서로 생각하는 것은 가까이 만나 그리움의 정을 펴려고 하면 반드시 지목의 혐의가 없지 않아 있기 때문이다. 그런 까닭으로 이렇듯 「수덕문」을 지어 여러 제자들에게 반포하노니, 어진 제군들은 나의 이 가르침의 말씀을 삼가 듣도록 하라.

大抵此道 心信爲誠[75] 以信爲誠 人而言之[76] 言之其中 日可日否 取可退否 再思心定[77] 定之後言 不信曰信[78] 如斯修之 乃成其誠[79]

---

75 심신위성(心信爲誠). 마음으로부터 믿는 것이 바로 정성이 된다.

76 '이신위성(以信爲誠)'의 '성(誠)'이 다른 경전에는 '환(幻)'으로 나온다. '환'은 변화시킨다는 뜻. '신(信)'이라는 글자를 변화시킨다, 곧 풀어본다는 뜻. 이렇듯 글자를 풀어보면, 사람이라는 뜻의 인(人)과 말이라는 뜻의 언(言)이라는 두 글자로 나누어질 수 있다는 말임.

77 '언(言)'은 사람들이 하는 말. 그 말 가운데는 옳은 말도 있고 그른 말도 있다. 그러므로 옳은 말은 취하고 옳지 아니한 말은 버려서 여러 번 생각하여 마음으로 정하여 처신하여야 한다.

78 옳다고 여겨 마음으로 정한 후에 다른 말은 믿지 아니하는 것이 바로 믿음의 본질이다.

79 '여사(如斯)'의 '사(斯)'가 받는 말은 '가르치는 말에 대한 믿음'이다. 즉 이와 같이 믿음을 갖고 수도하면, 이내 정성 드리는 바를 이룰 수 있다는 말이다.

誠與信兮 其則不遠[80] 人言以成 先信後誠[81] 吾今明諭 豈非信言 敬而誠之 無違訓辭

우리 도는 마음으로 먼저 믿어야 한다. 굳게 믿을 때 올바르게 정성 드릴 수 있다. '믿음(信)'이라는 글자는 '사람(人)'과 '말씀(言)'이 합해진, '사람의 말'이라는 뜻이다. 사람의 말 중에는 옳은 말도 있고 옳지 않은 말도 있다. 옳은 말은 취하고 옳지 않은 말은 버려서, 거듭 생각하여 마음으로 정해야 한다. 한 번 정한 후 다른 말에는 조금의 흔들림도 없어야 하며, 나아가 믿지 아니하는 것이 바로 올바른 믿음이다. 이와 같이 닦으면 이내 그 정성을 이룰 수 있는 것이니, 정성과 믿음이라는 것이 도를 닦는 근본에서는 먼 것이 아니다. 사람의 말을 믿고, 또 그 믿음을 이루는 것이 정성이니, 먼저 믿음을 확립한 이후에 정성을 드려야 한다.

지금의 밝고 밝은 가르침이 어찌 성심을 다하여 믿어야 할 말씀이 아니겠는가. 공경하는 마음으로 정성을 다하여 나의 가르침의 말씀에 어김이 없도록 하라.

---

80 정성을 드리는 것과 믿음을 갖는 것이 그 본원적인 원칙에 있어서는 멀지 않은 것으로, 도를 닦는 가장 가까운 길이요, 원칙이라는 말이다.

81 믿을 신(信)은 사람(人)의 말(言)이라는 뜻의 글자이고, 정성 성(誠)은 말씀(言)을 이룬다(成)는 글자이다. 사람의 말(信)을 이루는 것(誠)이니, 먼저 믿고 후에 정성을 드리라는 말씀이다.

불연기연
(不然其然)

「불연기연」은 수운 선생이 조선 조정에 체포되기 한 달 전에 쓴 경이다. 우주 만유에 나타나는 현상과 본질의 문제를 '불연'과 '기연'으로 나누어 말하고 있다. 인간의 경험과 인식에 의하여 알 수 있는 것을 '기연'이라 하고, 인간의 일상적인 경험으로는 설명할 수 없는 것을 '불연'이라고 했다.

이와 같은 '불연과 기연' 논리를 통해 수운 선생은 동학의 중심 사상이 되는, '사람이 한울님을 모시고 있다.'는 '시천주'를 설명하며 동시에 이에 이르는 길을 제시한다.

불연기연(不然其然)

歌曰 而千古之萬物兮 各有成各有形[1] 所見以論之 則其然而似然[2] 所自以度之 則其遠而甚遠[3] 是亦杳然之事 難測之言

전해오는 노래에 이러한 내용이 있다.

"예로부터 이 우주에 펼쳐져 있는 많고 많은 만물이여! 각기 이루어진 특성이 있고, 각각 서로 다른 형상을 지니고 있구나!"

삼라만상이 이루어진 외형만 보고 논한다면, 그 모양이 이렇고 저러함을 수긍할 수 있다. 그러나 그것이 어떻게 생겨난 것인가 하는 근원을 헤아려 본다면, 그 이치는 참으로 멀고 멀다. 아아, 만물이 생성된 근원은 아득한 일이어서, 헤아리기 어려운 일이다.

我思我 則父母在玆 後思後 則子孫存彼[4] 來世而比之 則理無異

1 이 우주의 모든 물상은 모두 각기 특유의 것으로 이루어졌고 또 각기의 형상을 지니고 있다.

2 눈에 보는 바에 따르면 천지 만물이 모두 각각의 특성에 따라 생멸하므로 그 과정을 알 수 있다.

3 만물이 본래 어디에서 왔는가를 헤아려 보면, 그 근원이 아주 멀어서 알 수 없다는 말씀이다.

4 '아사아(我思我)'란 내가 나의 존재에 관하여 생각하는 것. '나'는 어디에서부터 왔는가를 생각한다는 말이다. '후사후(後思後)'란 '나' 다음으로 올 후손을 생각한다는 말. 즉 '나'라는 존재를 기준으로 생각하면 나는 부모에게서부터 태어났고, 내 뒤로는 후손들이 있을 것임을 미루어 알 수 있다.

於我[5]思我 去世而尋之 則惑難分於人爲人[6] 噫 如斯之忖度兮 由其然而看之 則其然如其然[7] 探不然而思之 則不然于不然[8]

'나'라는 존재가 세상에 태어난 이치를 생각하면, 나를 낳아주신 부모가 계시므로 이 세상에 태어났음을 알 수 있다. 또 내 뒤를 이어갈 후손들을 생각하면, 내가 부모로부터 태어났듯이 자손들 역시 나에게서 태어날 것임을 알 수 있다. 마찬가지로 앞으로 다가올 세상을 생각해 보면, 내가 이 세상에 태어난 이치와 다름이 없다.

이로써 지나간 세상을 헤아려보면, 궁극적으로 처음 사람은 어떻게 이 세상에 나게 되었는가, 즉 누가 낳았는가 분간하기 어려워진다. 아아! 이와 같이 헤아려봄이여! 현상이나 경험에 의거한다면 그렇다 하는 기연을 말할 수 있지만, 처음 사람은 어떻게 태어났으며, 또 처음 만물은 어떻게 생겨났는가 그 근원 문제를 헤아리면,

---

5 '내세(來世)'란 앞으로 올 세상, 혹은 미래 세대. 있었던 일에 비추어 있게 될 일을 생각하니 그 이치가 다르지 않다는 말. 즉 부모가 나로 이어져 왔듯이, 나는 후손들로 이어져 간다는 말이다.

6 '거세(去世)'란 지나간 세상, 혹은 과거 세대. 세월을 거슬러 올라가면, 인류 최초의 사람은 어떻게 해서 사람이 되었는가 하는 문제와 만나고, 그러한 문제는 해득하기가 매우 어렵다는 말이다.

7 '기연(其然)'은 '그러한 것.' 사람이 마음속으로 그럴 수 있다고 인정할 수 있는 현상, 즉 인간의 경험이나 선험에 의하여 수긍할 수 있는 현상. 부모가 나를 낳고 나도 부모가 되어 자식을 낳는 것, 소나무가 소나무를 번식시키고 개가 개를 낳으며 소가 소를 낳는, 주로 만물이 생겨난 이후의 현상이다. 이로써 미루어 보면, 세상의 만사가 그렇고 또 그러한 것이라는 말씀임.

8 '불연(不然)'은 '그렇지 않다.' 그렇다고 인정하고 이해할 수 없는 현상, 즉 인간의 이성이나 상식으로는 해명할 수 없는 만물의 현상. 최초의 조상이 되는 사람은 어떻게 이 세상에 태어났는가, 하는 문제와 같이 인식의 한계 바깥의 문제를 말하는 것으로, 주로 만물이 생기기 이전의 이치를 의미한다. '不然于不然(불연우불연)'에서 '우(于)'가 다른 경전에는 '우(又)'로 되어 있다. '또'라는 의미의 '우(又)'가 의미상 맞다.

세상 만사가 모두 알 수 없는 불연이 된다.

何者 太古兮 天皇氏 豈爲人豈爲王[9] 斯人之無根兮 胡不曰不然[10]也 世間 孰能無父母之人 考其先 則其然其然 又其然之故也[11]

어찌하여 이러한 것인가. 먼 옛날 인류 최초의 사람이라고 일컫는 천황씨는 어떻게 최초의 사람이 되었고, 또 왕위를 물려준 임금도 없었는데 어떻게 임금이 되었는가. 이 사람의 근원 없음이여, 이러한 사실을 어찌 불연이라고 말하지 않을 수 있겠는가. 이 세상 어느 누가 부모 없이 태어난 사람이 있는가. 부모가 자식을 낳고 또 그 자식이 부모 되어 다음 자손을 낳음으로써 오늘까지 계승되어 왔다는 것을 살펴보면, 기연 기연이며 또 기연이 되는 것이다.

然而爲世 作之君作之師 君者 以法造之 師者 以禮敎之 君無傳位之君 而法綱 何受 師無受訓之師 而禮義安效 不知也不知也 生而知

---

9 '태고(太古)'는 아주 먼 옛날. 여기에서는 천지가 처음 열리고 인류가 처음 나타난 때. '천황씨(天皇氏)'는 인류 최초로 나온 사람. 즉 천지가 처음 열리고, 그때에 처음 나온 사람인 천황씨는 어떻게 이 세상에 태어났으며, 어떻게 왕이 되었는가 하는 의문을 제기한다.

10 '사인(斯人)'은 천황씨. 천황씨는 최초의 사람이니, 천황씨의 부모가 없다. 이를 무근(無根)이라고 표현했다. 그러므로 사람(부모)이 사람(자식)을 낳는다는 말이 이 천황씨에게는 적용되지 않는다. 그래서 이 천황씨가 세상에 나온 것이 '불연(不然)'이 된다는 말씀이다.

11 이 세상에 어느 누가 부모 없는 사람이 있는가. 우리 조상을 잘 살펴보면, 위의 할아버지가 다음 할아버지를 낳아, 계승되어 내려온 것이니, 그러하고 그러하며 또 그러함을 알 수 있다.

之而然耶 無爲化也而然也 以知而言之 心在於暗暗之中 以化而言之 理遠於茫茫之間[12]

이 세상을 위하여 (하늘이) 천황씨를 임금으로 삼고 또 스승을 삼았으니, 임금은 법으로써 다스리고, 스승은 예로써 가르치는 것이다. 그러나 최초은 임금은 임금 자리를 물려준 앞의 임금이 없었는데 누구로부터 법과 강령(綱領)을 받았으며, 또 최초의 스승은 가르침을 준 스승이 없었는데 예(禮)와 의(義)를 어떻게 드러냈는가. 알 수 없구나, 알 수 없구나. 생이지지하여 그렇게 된 것인가, 아니면 무위이화로 그렇게 된 것인가. 생이지지한 것이라고 말해도 마음 한구석에는 깊은 어둠이 남아 있고, 무위이화로 그렇게 되었다고 말하여도 그 이치가 아득하여 멀기만 하다.

夫如是則不知不然故 不曰不然[13] 乃知其然故 乃恃其然者也[14]

---

12 '이지(以知)'의 '지(知)'는 생이지지(生而知之), '이화(以化)'의 '화(化)'는 무위이화(無爲而化). 즉 생이지지하였다고 말해도 마음 한구석에 잘 납득이 안 되는 면이 있고, 무위이화로 알게 되었다고 말하여도 또 그 말이 무슨 뜻인지 알기 어려운 면이 있다는 뜻이다.

13 '여시(如是)'는 '이와 같다.' 왕위의 자리를 물려받은 바 없는, 최초의 임금이나 스승이 법강과 예의를 배운 바도 없는데 어떻게 알고 있는지 하는 말을 받은 부분이다. 이 알 수 없는 것이 바로 '불연'이다. 그러나 알 수 없다고 해서, '그렇지 않다(不然)'고 감히 말할 수 없다. 오히려, 바로 이러한 때에, 천지만물을 주관하는 한울님을 생각하라는 말씀이 된다.

14 이때의 '지기연(知其然)'은 한울님이 천지 만물을 주관하고 조화 중에 만드셨다는 그 사실을 알고 있음을 지칭. 즉 그 사실을 알게 되면, 곧 그러하다는 것을 믿게 된다는 말씀이다.

於是 而揣其末究其本[15] 則物爲物理爲理之大業 幾遠矣哉[16]

무릇 이와 같이 불연은 알지 못하는 것이므로 불연에 관해 말하지 않는다. 그러나 기연은 알 수 있는 것이기 때문에 마침내 기연만 믿는다. 이에 그 끝을 헤아리고 근본을 캐어본즉 만물이 만물로 된 것과 이치가 이치 됨이 얼마나 크고 또 먼 것인가를 알게 된다.

況又斯世之人兮 胡無知胡無知[17] 數定之幾年兮 運自來而復之[18] 古今之不變兮 豈謂運豈謂復[19] 於萬物之不然兮 數之而明之 記之而鑑之

---

15 말(末)과 본(本)은 서로 표리가 된다. 말은 겉으로 드러나는 지엽적인 것이며 유형한 것, 본은 근본이 되는 것으로 곧 무형(無形)을 말하는 것이다. 즉 우주 만물의 유형적 형상을 헤아리고, 그 만물이 이룩된 근본인 무형적인 이치를 상고한다는 의미이다.

16 '물(物)'은 만물. '물위물(物爲物)'은 만물이 외형적인 형상을 갖추게 된 것, 곧 '말(末)'. '이(理)'는 만물이 형성되는 이치. '이위리(理爲理)'는 천지 만물이 이룩되는 근본 원리, 무형한 원리, 곧 '본(本)'. 천지 만물의 외형적인 모습을 미루어, 근본인 무형의 원리를 상고해 보니, 그것은 우주 만물은 무형의 근본 원리인 한울님의 무극대도에서 나온 것이니, 그 일이 얼마나 크나 크고 얼마나 멀고 먼 것인를 알 수 있다는 말씀.

17 세상 사람들은 하늘의 이치가 밝았는데도 그 사실을 깨닫지 못하고 있음을 한탄하는 말씀.

18 '수정(數定)'은 선천 오만년이 가고 후천의 수가 정해졌다는 말씀. 따라서 천지의 쇠운이 회복되어 다시 성운이 다시 옴을 말한다. '수(數)'는 천지 운행의 시간적인 흐름, '운(運)'은 천지 운행의 공간적인 흐름이다. 즉 시간적인 흐름과 공간적인 흐름이 서로 만나 이루는 것이 '운수(運數)'이다. 수운 선생의 출자(出自)로 이미 후천의 운수를 맞이하였다는 말씀.

19 '예나 지금이나 천도의 떳떳한 법칙은 변하지 않는 것이다. 그런데 어찌 운이라고 말하고, 또 이 운이 회복되었다고 하는가?' 하고 수운 선생이 자문하는 부분. 결론적으로 천도는 변하는 것은 아니지만, 쇠운과 성운이 갈아들며 소장영쇠(消長榮衰)가 있는 것이라는 말씀.

이 세상의 어리석은 사람들이여! 하늘의 이치가 밝아져 후천의 새로운 세상이 열리는데, 어찌 이를 알지 못하는가, 어찌 알지 못하는가. 후천의 운수가 천운에 의해 정해진 지 벌써 몇 해인가. 운이 스스로 회복이 되고 있다. 고금(古今)의 변하지 아니함이여! 어찌 운이라 말하고, 어찌 회복이라 일컫는가.

아아, 만물의 불연(不然)이여! 불연을 잘 헤아려 밝히고, 또 기록하여 거울 삼도록 하라.

四時之有序兮 胡爲然胡爲然 山上之有水兮 其可然其可然[20] 赤子之穉穉兮 不言知夫父母[21] 胡無知胡無知 斯世之人兮 胡無知[22] 聖人之以生兮 河一淸千年[23] 運自來而復歟 水自知而變歟[24]

耕牛之聞言兮 如有心如有知 以力之足爲兮 何以苦何以死[25] 烏子

20 산은 높이 솟아 있고, 물은 아래로 흐르는 것인데, 어찌하여 높은 산 위에 물이 호수를 이룰 수 있는가. 이것은 사물의 이치를 거스르는 일이 아닌가 하고 의문을 던지는 말이다.

21 '적자(赤子)'는 어린 아이. '치치(穉穉)'는 아주 어린 모습. 너무 어려서 말도 못하지만, 자기의 부모를 알아본다는 말이다.

22 어린아이도 자기 부모를 알아보는데, 왜 이 세상 사람들은 자기 생명의 근본인 한울님을 알지 못하는가 의심하는 말씀.

23 중국의 황하는 천년에 한번 맑아지는데, 이때 성인이 나신다는 말이 있다.

24 황하의 물이 천년에 한번 맑아지고, 또 이때에 성인이 나시는데, 이 운은 스스로 오는 것인가 아니면 물이 스스로 알고 변하는 것인가 자문하는 것이다. 결론적으로 이 모두 한울님의 섭리에 의한 것이라는 의미이다.

25 밭 가는 소는 농부의 말을 알아듣고 시키는 대로 움직인다. 마치 마음이 있고 또 앎이 있는 것 같다. 마음이 있고 앎이 있다면, 그 힘으로 족히 사람에 대항할 수 있을 법도 한데, 어찌하여 일생 동안 사람들에게 부림을 당하는 어려움을 겪고 또 어찌하여 죽임을 당해야 하는가.

之反哺兮 彼亦知夫孝悌[26] 玄鳥之知主兮 貧亦歸貧亦歸[27]

어긋남이 없는 네 계절의 질서여. 어찌하여 그렇게 되며, 어찌하여 그렇게 되는가. 물은 위에서 아래로 흐르는 것인데, 어찌하여 높은 산 위에 천지(天池)와 같이 커다란 호수가 있는가. 과연 가능한 일인가, 과연 가능한 일인가. 아직 지각이 없어 말 못하는 갓난아이도 부모를 알아보는데, 어찌 알지 못하는가, 어찌 알지 못하는가 이 세상의 어리석은 사람들이여! 어찌하여 자기 생명의 근원인 한울님을 알지 못하는가. 성인이 태어남이여, 황하의 물이 천년에 한 번 맑아지는구나. 성인이 탄생할 운이 스스로 회복되어 황하의 물이 맑아지는가, 아니면 황하의 물이 성인의 탄생을 알고 스스로 맑아지는 것인가. 밭 가는 소가 농부의 말을 알아듣고, 농부가 부리는 대로 일하는구나. 사람의 생각을 헤아리는 마음이 있는 것 같고, 사람이 하는 말을 알아듣는 것 같다. 그러니 이처럼 지혜로운 소는 사람보다도 훨씬 힘이 세서 사람의 부림에 대항할 수 있는데도, 어찌하여 사람이 부리는 대로 일만을 하다가, 끝내 사람들에게

26 '오자(烏子)'는 까마귀. 까마귀는 효조(孝鳥)로서, 어린 시절 자신이 어미로부터 먹이를 받아 먹는 것과 같이 늙은 어미 까마귀에게 먹이를 물어다 준다. 이를 '반포지은(反哺之恩)'이라고 한다.

27 '현조(玄鳥)'는 제비. 제비는 겨울이 지나면, 어김 없이 자신의 보금자리로 돌아온다. 그 보금자리는 사람의 집 처마에 제비 스스로 마련한 것이다. 제비가 집을 지은 그 주인의 집이 비록 가난하여도 매해 봄이면 돌아온다는 뜻이다.

죽임을 당하는가. 까마귀 같은 미물도 어미가 먹이를 물어다 주던 그 은혜를 잊지 않고, 늙은 어미에게 먹이를 물어주는 반포의 보은을 행하나니, 저들 까마귀들이 과연 부모 공경하는 효제(孝悌)를 아는 것인가. 봄이 돌아오면, 강남 갔던 제비가 어김없이 자기 살던 집으로 날아온다. 그 주인집이 아무리 가난해도 역시 돌아오는구나. 아무리 가난해도 역시 돌아오는구나.

是故 難必者 不然 易斷者 其然[28] 比之於究其遠 則不然不然 又不然之事[29] 付之於造物者 則其然其然 又其然之理[30]哉

이런 까닭에 경험이나 일반적인 식견으로는 이해하기 어려운 것을 불연이라고 말하는 것이요, 사람의 일반적인 견식으로 판단하여 이내 납득이 가는 것을 곧 기연이라고 말한다.

---

28 '난필자(難必者)'는 꼭 그렇다고 말하기 어려운 사실. 즉 인간의 지식과 경험으로 분명하게 알 수 없는 일들. 앞에서 예로 들었던, 황하의 물이 천년에 한번씩 맑아지면서 성인이 나오는 사실, 미물인 까마귀가 효도를 하는 사실, 따뜻한 곳으로 갔던 제비가 봄이 오면 어김없이 돌아오는 사실 등은 모두 사람의 상식으로서는 해명되지 않는 '난필자'들이다. 이처럼 꼭 그렇다고 말하기 어려운 이 세상의 현상을 불연, 곧 '그렇지 않다'고 말하고, 사람의 지식으로서 판단하여 알 수 있는 것은 기연, 곧 '그렇다'고 말한다는 뜻.

29 '구기원(究其遠)'은 먼 곳을 헤아려 살펴본다는 뜻. 아버지의 아버지의 아버지로 거슬러 오른 윗할아버지로부터 내가 태어나게 된 근원을 우리의 일상적인 일에 견주어 살필 수 있어 기연이라고 하지만, 아주 먼 옛날 처음 할아버지는 누가 이 세상에 나오게 했는가를 생각해 본다면, 그에 관하여서는 알 수 없으므로 불연이라고 하게 되는 것이다.

30 '조물자(造物者)'는 곧 만물을 내신 한울님. 그러므로 만물의 시원을 조물자, 곧 한울님의 섭리에 의탁하여 살펴보면, 그렇다고 수긍하게 된다는 말이다. 최초의 할아버지가 곧 조물자인 한울님의 생명을 받아 이 세상에 나왔다고 한다면, 이는 곧 수긍할 수 있는 기연이 되는 것이다.

아득히 먼 근원을 캐어 견주어보면 불연, 불연이고 또 불연의 일이 되지만, 이 모든 불연의 일을 조물자(造物者)인 한울님 섭리에 부쳐서 헤아려보면, 이 불연의 일도 모두 기연, 기연이고 또 기연의 이치가 된다.

축문
(祝文)

「축문」은 그 내용상 수운 선생 당시에 천제(天祭)를 지낼 때 읽던 글로 생각된다. 그러나 동학을 천도교로 천명(1905)한 이후 천제 등의 종교의식은 없어지고 일요일에 '시일식(侍日式)'을 봉행하면서, 자연 「축문」은 쓰이지 않게 되었다.

그러므로 이 「축문」을 「참회문(懺悔文)」이라 이름하고, 그 말미의 "今以吉朝良辰 淸潔道場 謹以淸酌 庶需 奉請尙饗" 부분을 "今以吉辰 淸潔道場 至誠至願 奉請感應"이라고 고쳐, 오늘날 천도교에서 수련에 앞서 읽고 있다.

축문(祝文)

生居朝鮮 忝處人倫 叩感[1]天地盖載之恩[2] 荷蒙[3]日月 照臨之德 未曉歸眞之路 久沈苦海 心多忘失 今玆聖世 道覺先生 懺悔從前之過 願隨一切之善 永侍不忘 道有心學 幾至修煉 今以吉朝良辰 淨潔道場 謹以淸酌庶需[4] 奉請尙饗[5]

조선국에 태어나 인륜을 바르게 하지 못해 욕되이 살고 있습니다. 그러므로 하늘이 덮어 주고 또 땅이 실어 주는 그 은혜를 깨닫지도 못하고, 해와 달이 비추어주는 은덕을 입었으나, 아직 참된 삶의 길을 깨닫지 못하고, 오랫동안 어지럽고 타락한 세상살이 속에 빠져 살아왔습니다. 그러므로 마음에 잊고 잃음이 많았습니다. 이제 이 성세를 맞이하여, 도를 깨우치신 선생님으로부터 가르침을 받아, 지난날의 허물을 참회하고, 일체 선(善)에 따라 살기를 원하여, 영원히 한울님 모셨음을 잊지 않겠습니다. 도를 마음공부에

1 머리 숙여 감사 드린다는 말.

2 만물이 자라게 하는 땅과 하늘의 은혜, 곧 한울님이 만물에 베푸는 은혜.

3 짊어지고 또 입는다는 뜻으로, 은혜를 받는다는 말.

4 제를 지내기 위하여 차리는 몇 가지 음식.

5 받기를 원한다는 뜻으로 제문(祭文)의 끝에 쓰는 말.

두어 거의 수련하는 데에 이르렀습니다. 이제 좋은 날에 도장을 깨끗이 하고, 삼가 맑은 술과 얼마의 제수를 마련하여 받들어 청하오니 받으옵소서.

주문
(呪文)

주문은 수운 선생이 경신년(1860)에 결정적인 종교체험을 할 때 한울님께 받은 것이다. 이후 수운 선생은 한울님께 받은 주문을 바탕으로 다시 선생 주문과 제자 주문으로 나누어서 지었다. 또 제자 주문에는 초학 주문이 따로 있어 처음 입도하면 초학 주문으로 지도하였다. 선생 주문과 제자 주문에는 각기 강령 주문과 본주문이 있다. 선생 주문, 제자 주문, 그리고 초학 주문은 각각 강령 주문과 본주문을 합하여 21자이다. 지금 천도교에서는 선생 주문과 초학 주문을 사용하지 않는다. 선생 주문은 수운 선생만 사용한 것이기 때문에 현재 사용하지 않는 것으로 판단된다. 초학 주문은 의암 선생이 동학을 천도교로 대고천하(大告天下)한 이후, 1920년대 중후반까지 사용한 것으로 의절(儀節)이나 종령집(宗令集)에 나온다. 그러나 이후 의절 등에서 사라지면서 천도교에서 사용하지 않게 되었다.

先生呪文

降靈呪文

至氣今至四月來

지극한 한울님의 기운이 지금에 이르러 사월이 왔습니다.

本呪文

侍天主令我長生无窮萬事知

한울님 모셨음을 깊이 깨달아 나로 하여금 장생하게 하고 무궁하도록 만사를 알게 해 하십시요.

弟子呪文

初學呪文

爲天主顧我情永世不忘萬事宜

한울님을 위하고 나의 마음을 돌아보아, 영원히 한울님 생각을 잃지 않고, 모든 일에 떳떳하고자 합니다.

降靈呪文

至氣今至願爲大降

지극한 한울님의 기운이 지금 이르렀으니 한울님 기운과 나의 기운이 융화일체가 되기를 원합니다.

本呪文

侍天主造化定永世不忘萬事知

한울님 모셨음을 깊이 깨닫고, 한울님의 덕과 합하고 한울님 마음을 지녀 한평생 그 마음 지니고 살아 한울님 도를 깨닫고 한울님 가르침을 받고자 합니다.

시문(詩文)·1

「시문 · 1」에는 「입춘시(立春詩)」, 「강시(降詩)」, 「절구(絶句)」, 「좌잠(座箴)」, 「제서(題書)」, 「결(訣)」 등을 포함한다. 이 시편들은 모두 각각 완결된 한 편의 작품이다.

「입춘시(立春詩)」는 수운 선생이 득도하기 이전 수련에 임하며 쓴 시이다. 이 외 「강시」, 「좌잠」, 「제서」, 「결」 등은 수운 선생의 종교적인 깨달음이나, 마음공부의 길, 예언, 나아가 치병 등을 주제로 쓴 시들이다.

입춘시(立春詩)

道氣長[1]存邪不入 世間衆人[2]不同歸

도의 기운 길게 이어지니 사악함 들어오지 못하고
이 세상의 타락한 사람들이여, 함께 돌아가지 않으리.

입춘시는 수운 선생이 득도하기 이전, 기미년(己未年, 1859)에 울산에서 다시 용담으로 돌아와 불출산외(不出山外)를 맹세하고 수련에 임하다가, 입춘절을 맞아 마음을 새롭게 다지며 지은 시이다. 특히 수운 선생은 이때 처음 이름인 '제선(濟宣)'을 '제우(濟愚)'로, 자(字)를 도언(道彥)에서 성묵(性默)으로 바꾸고 결의를 새롭게 했다. 바로 이러한 수운 선생의 결의가 담긴 시이다.

---

1 도의 기운, 수련에 지극하게 정진하여 생기는 떳떳하고 당당한 기운.
2 세상의 뭇 사람. 선천의 관습에 따라 바르지 못한 삶을 사는 세상의 어리석은 사람들.

절구(絕句)

河淸鳳鳴[3]孰能知 運自何方吾不知

平生受命千年運[4] 聖德家承百世業[5]

龍潭[6]水流四海源 龜岳[7]春回一世花

황하 물이 맑아지면 봉황 우는 것 누가 아느뇨.

운이 어디에서 오는지 나는 알지 못하노라.

평생 받은 명(命)은 천년의 운이니,

성덕(聖德)이 대대로 백세를 이어갈 업이로구나.

용담(龍潭)의 물이 흘러 네 바다의 근원 되고,

구미산(龜尾山)에 봄이 오니, 온 세상이 꽃이로세.

---

3 황하(黃河)가 천년에 한번 맑아지는데 이때에 성인이 나시고, 또 봉황이 울면 성인이 나타나는 상서로운 일이 세상에 있다는 옛말을 인용한 것이다.

4 수운 선생이 한울님으로부터 받은 후천 오만년의 운을 말함.

5 수운 선생은 임진왜란과 병자호란에 공을 세운 최진립(崔震立) 장군의 자손이다. 그러므로 늘 조상들의 충절을 오늘에 이어 국가와 민족을 위기에서 구해야 한다고 생각해 왔다. 그런데 수운 선생이 받은 무극대도는 국가와 민족, 인류를 구하는 대도이기 때문에, 그 조상이 백세 동안 이어준 업을 이은 것이라고 말씀한 것이다.

6 수운 선생이 한울님으로부터 무극대도를 받은 곳. 용담정이 있는 그 일대를 이렇게 부른다.

7 용담이 있는 구미산(龜尾山)을 지칭하는 말.

강시(降詩)

圖來三七字[8] 降盡世間魔

삼칠자 주문을 그려내니
이 세상의 악마, 모두 항복을 하네.

계해년(癸亥年, 1862) 정월 초하루 아침에 지은 시이다. 특히 전년인 임술년(壬戌年, 1861) 12월에 각 처의 접주(接主)를 정한 바로 다음이 된다. 이 시에는 신년(新年)의 결의와 함께 삼칠자 주문을 통하여 세상의 모든 불합리함을 물리치고 새로운 세상을 열어가고자 하는 의지와 예언이 깃들어 있다.

---

8 '삼칠자'는 천도교의 주문을 말함. 한울님의 가르침을 따르지 않는 이 세상에 한울님을 지극히 위하는 글인 주문을 지어 냈다는 말임.

좌잠(座箴)

吾道博而約[9] 不用多言義[10]

別無他道理 誠敬信三字

這裏做工夫[11] 透後方可知

不怕塵念起[12] 惟恐覺來知[13]

우리 도는 넓고 넓으나 이르는 길 간략하다.

많은 말 뜻을 쓸 필요 없다.

별 다른 도리가 있는 것도 아니라

오직 성 경 신 세 글자뿐이다.

그 가운데에서 열심히 마음공부를 하여

터득한 뒤에야 마침내 알 수 있나니

잡념 일어남을 꺼리기지 마라.

---

9 우주의 모든 섭리를 포함할 수 있는 넓고 넓은 것이나, 이의 본체에 이르는 길은 매우 요약적인 것이라는 말씀임.

10 많은 말과 뜻. 복잡하고 잡다한 말과 뜻이라는 의미임.

11 '저리(這裏)'란 저 안에서, 곧 위의 귀절에서 나오는 성 경 신의 안에서라는 뜻임. '주공부(做工夫)'는 공부나 일에 힘쓰는 것을 말함. 즉 성 경 신을 생활로 삼아, 힘써 마음 공부하는 것을 말함.

12 '진념(塵念)'은 잡된 생각을 말함. 즉 수련을 하면서 일어나는 잡념들을 말함.

13 수련 중 일어나는 잡념은 걱정하지 말고, 오직 한울님 가르침만을 생각하라는 뜻임.

오직 깨달아 앎에 이르는 것만을 두려운 마음으로 생각하라.

화결시
(和訣詩)

「화결시」는 수운 선생이 한울님과 화답하며 받은 시이다. 한울님으로부터 받은 '결(訣)'에 화답하였기 때문에 제목이 '화결시'이다. 화답하여 지은 시이기 때문에, 전제가 일관된 한 작품으로 이루어지지 않았다. 두 구절 또는 서너 구절씩이 한 작품으로 된 여러 편의 시를 모아, '화결시'라는 제목을 붙인 것으로 생각된다.

화결시(和訣詩)

方方谷谷行行盡[1] 水水山山箇箇知[2]

松松栢栢靑靑立 枝枝葉葉萬萬節

老鶴生子布天下 飛來飛去慕仰極

運兮運兮得否 時云時云覺者

鳳兮鳳兮賢者[3] 河兮河兮聖人[4]

春宮[5]桃李夭夭兮 智士勇兒樂樂哉

萬壑千峰高高兮 一登二登小小吟[6]

明明其運[7]各各明 同同學味[8]念念同

萬年枝[9]上花千朶 四海雲[10]中月一鑑[11]

---

1 두루두루 모두 돌아다닌다는 뜻.

2 하나하나 모두 안다는 뜻.

3 봉황새가 날아오면 이내 현자가 나신다는 고사에 따라 이렇게 노래한 것이다.

4 '하(河)'는 황하. 황하가 천년에 한번 맑아지면 성인이 나신다는 고사를 따라 노래한 것이다.

5 본래는 '궁궐'이나, '왕세자가 거처하는 동궁(東宮).' 여기서는 임금같이 훌륭한 사람이 있는 곳.

6 작은 소리로 나직히 읊조리는 모양.

7 운을 밝게 밝히다.

8 '같고 같은 배움의 맛.' 도를 공부하는 사람마다 느끼는 그 배움의 맛이란 모두 같다는 의미.

9 만년 묵은 오래된 나뭇가지. 만년이라는 시간적인 흐름, 또는 시간의 축을 의미한다.

10 온 천지를 뒤덮은 구름. 곧 앞 구절의 '만년지(萬年枝)'와 대를 이루어, 공간적인 축을 말한다.

11 하늘에 뜬 달이 온 세상을 비춰주는 거울과 같다는 비유적인 표현.

登樓人如鶴背仙[12] 泛舟馬若天上龍[13]

人無孔子[14]意如同 書非萬卷[15]志能大

片片飛飛[16]兮 紅花之紅耶

枝枝發發[17]兮 綠樹之綠耶

飛飛紛紛[18]兮 白雪之白耶

浩浩茫茫[19]兮 淸江之淸耶

泛泛[20]桂棹[21]兮 波不興[22]沙十里

路遊閑談[23]兮 月山東風北時[24]

泰山之峙峙兮[25] 夫子登臨何時

---

12 학을 타고 있는 신선.

13 하늘 위의 용이라는 말로, 용이 승천함을 말함.

14 세상 사람이 공자가 아니라는 말. 세상의 사람들이 모두 공자 같은 성인은 아니라는 뜻.

15 글이 만권의 서적이 아니라는 말로, 글을 읽은 것이 비록 옛 성인들이 만권의 서적을 읽은 경지에는 이르지 못한다는 뜻임.

16 봄날에 꽃잎이 바람에 날리는 모양.

17 새봄이 와서 나뭇가지마다 새 잎이 돋는 모양.

18 함박눈이 펄펄 내리는 모양.

19 강이나 바다의 넓고 넓은 모습.

20 배가 물에 떠 있는 모양.

21 계수나무로 만든 노. 노를 아름답게 꾸며 표현하기 위하여 쓰는 말.

22 파도가 일어나지 않는, 아주 잔잔한 바다나 강의 물결.

23 별반 특별히 하는 일 없이 길을 떠돌며 한가로이 지내는 모습.

24 달이 떠오르고 서서히 저녁 바람이 불어오기 시작하는 때, 즉 한가로운 저녁 때.

25 『맹자(孟子)』에 의 '공자께서 동산에 올라 노나라가 작은 것을 알았고, 태산에 올라서 천하가 작은 것을 알게 되었다.(孔子 登東山而小魯 登泰山而小天下, 孟子. 盡心章 下.)'라는 부분을 인용하여 쓴 시.

清風之徐徐兮 五柳先生覺非[26]

清江之浩浩兮 蘇子與客風流[27]

池塘之深深兮 是濂溪之所樂[28]

綠竹之綠綠兮 爲君子之非俗[29]

青松之青青兮 洗耳處士爲友[30]

明月之明明兮 曰太白之所抱[31]

耳得爲聲目色[32] 盡是閑談古今

萬里白雪紛紛兮 千山歸鳥飛飛絶[33]

東山欲登明明兮 西峰何事遮遮路[34]

---

26 '오류선생'은 도연명(陶淵明). '각비(覺非)'는 도연명이 쓴 〈귀거래사(歸去來辭)〉에 나오는, '지금은 옳고 지난 날은 옳지 않음을 깨달았다.(覺今是而昨非)'라는 구절을 인용한 것.

27 '소자(蘇子)'는 송(宋)나라 대문장가 소동파(蘇東坡). 소동파가 쓴 〈적벽부(赤壁賦)〉에 '소자가 객과 더불어 적벽의 아래에 배를 띄우고 놀았다.(蘇子與客 泛舟遊於赤壁之下)'라는 구절 인용한 것.

28 '지당(池塘)'은 연꽃이 피는 연못. 송나라 대학자인 주렴계(周濂溪)는 특히 연꽃의 군자다운 품성을 좋아하여 〈애련설(愛蓮說)〉이라는 글을 지었는데, 이 사실을 인용한 것.

29 '녹죽(綠竹)'은 군자의 굳굳한 지절(志節). 그러므로 군자와 푸른 대나무를 연관시켜 노래한 것.

30 '세이(洗耳)'는 귀를 씻었다는 말. 옛날 중국 요(堯)임금이 임금 자리를 어진이에게 물려주려고, 허유(許由)라는 은자(隱者)에게 권하였더니, 차마 듣지 못할 더러운 말을 들었다고 물에 귀를 씻었다는 고사가 있다. 이 허유의 굳은 절개와 소나무의 푸르름을 연관시켜 부른 노래.

31 당나라 시인 이태백이 물에 비치는 달을 끌어안으려고 물로 뛰어들었다는 고사를 인용한 시.

32 소동파의 〈적벽부〉에, '귀로 들으면 소리가 되고, 눈으로 만나면 빛깔이 된다.(耳得之而爲聲 目寓之而成色)' 라는 구절을 인용.

33 당나라 때 시인 유종원(柳宗元)의 '새도 날지 않고 사람 자취 끊겼는데, 강가에 배를 띄워 도롱이 입고 삿갓 쓰고 눈 내리는 추운 강 홀로 낚시질하는 늙은이.(千山鳥飛絶 萬徑人縱滅 孤舟衰笠翁 獨釣寒江雪)' 라는 시를 인용.

34 길을 막는다는 뜻으로, 동산에 해가 뜨는 것을 막는다는 말.

마을마다 골짜기마다 두루두루 돌아보니

물은 물이요 산은 산임을 하나하나 모두 알겠구나.

소나무와 잣나무는 푸르른 모습으로 서 있고

가지마다 잎사귀마다 맺히고 맺힌 수만의 마디여

늙은 학이 새끼를 쳐서 천하에 퍼트리니

날아오고 날아들며 우러러 사모하는 지극함이여.

운이여 운이여, 얻었는가 얻지 못했는가.

때를 말함이여 때를 말함이여, 깨달은 자 때를 말함이여

봉황이여 봉황이여, 어진 사람이 태어남이여.

황하여 황하여, 성인(聖人)의 태어남이여.

봄날 집집이 복사꽃 오얏꽃 만발하여, 아아 곱기도 곱구나.

슬기롭고 씩씩한 사내들, 또한 즐겁고 즐겁구나.

만학천봉의 높고 높음이여

한 걸음 두 걸음 차례차례 오르며, 그 기쁨 나직이 읊조리네.

후천의 운 밝히고 밝히어 각각 밝히니

배우는 그 맛 같고 같으며, 그 생각 생각마다 서로 같구나.

만년 묵은 나뭇가지, 그 위로는 수천의 꽃떨기

사해의 구름 그 가운데 높이 떠 세상 비추는 달이여

누각에 오른 저 사람 학을 타고 날아가는 신선과 같고

물 위에 뜬 저 배 안의 말 승천하는 용 같구나.

세상 사람 모두 공자는 아니어도 그 뜻은 한가지로 같고
만권의 책 읽지는 않았어도 지닌 뜻 능히 크구나.
편편이 휘날리는구나, 붉은 꽃의 붉디붉음이여.
가지마다 돋아나는구나, 푸르른 나무의 푸르디푸름이여.
분분히 휘날리는구나, 백설의 희디흼이여.
넓고 넓어 아득하구나, 청강의 맑디맑음이여.
물 위에 떠 있는 계수나무 돛대여,
파도 일지 않고, 모래사장 십리에 뻗쳐 있구나.
한가로운 마음으로 이곳저곳을 떠돎이여.
동산에 달 오르고, 저녁바람 서서히 불어오는구나.
태산의 높고 높음이여, 선생께서 오르는 것은 어느 때인고.
맑은 바람 잔잔히 불어옴이여, 오류선생의 각비시(覺非詩)로다.
맑은 강의 드넓음이여, 객과 더불어 즐기는 소동파의 풍류로다.
연못의 깊고 깊음이여, 이것이 주염계 선생이 즐기는 바로다.
녹죽(綠竹)의 푸르고 푸름이여, 군자의 속되지 않은 모습이구나.
청송의 푸르고 푸름이여,
냇물에 귀를 씻던 절개 높은 처사의 벗이로다.
명월(明月)의 밝고 밝음이여, 이태백이 끌어안던 달이로구나.
귀에 닿으면 소리가 되고 눈과 만나면 빛이 되나니
모두 한가로이 예와 지금을 이야기하는구나.

만리 먼 곳까지 백설 분분히 휘날림이여,

천산으로 둥지 찾아 돌아가는 새의 자취마저 끊기었구나.

동산 위, 해 떠오르려 하니

서쪽 봉우리 어찌 이 떠오름을 막을 수 있겠는가.

탄도유심급
(歎道儒心急)

「탄도유심급」은 그 제목처럼, 언제 도가 이룩되고 좋은 세상이 오는가를 묻는 제자들에게 수운 선생이 조급한 마음을 갖지 말고 지극한 정성과 믿음으로 수도에 정진하기를 권하는 글이다. 따라서 이 「탄도유심급」에는 동학의 마음공부 방법이 상세하게 제시되어 있다. 마음공부를 하는 사람들에게 유익한 길잡이가 되는 글이다.

탄도유심급(歎道儒心急)

山河大運 盡歸此道 其源極深 其理甚遠 固我心柱 乃知道味[1] 一念在玆 萬事如意[2]

消除濁氣 兒養淑氣[3] 非徒心至 惟在正心[4] 隱隱聰明 仙出自然[5] 來頭百事 同歸一理[6] 他人細過 勿論我心 我心小慧 以施於人[7]

如斯大道 勿誠小事[8] 臨勳盡料 自然有助[9] 風雲大手 隨其器局[10]

---

1 '심주(心柱)'란 마음의 기둥. 흔들리지 않는 마음의 심지, 곧 굳건한 믿음. '도'란 영원불변의 것이기 때문에 이와 같이 굳건한 심지가 있어야만, 그 참맛을 알게 된다는 말씀.

2 '일념재자(一念在玆)'란 오로지 한 마음으로 한울님 공경함을 말함. '자(玆)'는 '한울님을 공경함' 또는 '한울님의 도를 생각함'을 지칭. '의(意)'는 세상을 바르게 살아가도록 가르치시는 한울님의 뜻. 마음을 오직 한울님 공경하는 데 두면, 세상 모든 일이 한울님의 뜻과 같이 된다는 말씀.

3 기(氣)는 마음을 움직이는 힘. 맑은 기와 흐린 기가 있는데, 맑은 기로 마음을 움직이면 옳은 마음씀과 바른 행동이 나오지만, 흐린 기로 마음을 움직이면 바르지 못한 마음씀과 행동이 나온다. 따라서 흐린 기운을 없애고 맑은 기운을 어린아이 기르듯 조심스럽게 길러야 한다는 말씀.

4 도인이 수련할 때에 마음을 지극하게 하는 것만 중요한 것이 아니라, 그 마음을 바르게 하는 것이 중요하다는 말씀이다.

5 '은은(隱隱)'은 자신도 모르게 돋아나는 것. 탁기(濁氣)를 없애고 숙기(淑氣)를 기르며 마음을 바르게 한다면(正心), 자신도 알 수 없는 자연한 가운데에 총명함이 나오게 된다는 말씀. '선출자연(仙出自然)'은 '화출자연(化出自然)'의 오식인 듯함.

6 앞으로 다가올 세상의 온갖 일들은 모두 하나의 이치, 곧 천도의 자연 이법 한가지로 귀일될 것이라는 말씀. 다시 말해 동귀일체(同歸一體)의 세상을 머지않아 맞이하게 될 것이라는 말씀.

7 수련을 하면서, 마음속에 다른 사람의 하찮은 허물을 담아 두지 말며, 또 비록 나의 적은 지혜라고 해도 다른 사람에게 베풀어야 한다는 말씀임.

8 '사(斯)'는 '其源極深 其理甚遠'을 지시함. '소사(小事)'란 하찮은 일, 쓸데없는 일, 자신의 이익만을 꾀하는 일. 세상의 모든 운을 담을 큰 도를 닦으며, 작은 일에 정성을 드리지 말라는 말씀임.

9 '훈(勳)'은 '공훈.' 여기서는 공훈이 드러날 수 있는 '큰 일.'

10 '풍운대수(風雲大手)'는 도를 통하여 얻게 되는, 세상을 움직일 수 있는 능력. 그러나 여기서는 열

玄機不露 勿爲心急[11] 功成他日 好作仙緣[12]

心兮本虛 應物無迹[13] 心修來而知德 德惟明而是道[14] 在德不在於人 在信不在於工[15] 在近不在於遠 在誠不在於求[16] 不然而其然 似遠而非遠[17]

산하를 뒤덮을 크나 큰 운이 머지않아 모두 이 도로 돌아올 것이다. 이 도는 그 근원이 지극히 깊고, 그 이치가 매우 멀도다.

내 마음기둥을 굳게 해야만 진정 도의 맛을 알 수 있고, 한마음

심히 도를 닦아 이루는 사람의 됨됨이나 능력을 말함. '기국(器局)은 사람의 도량. 그 사람의 사람 됨됨이. 즉 도를 수행하는 결과는 사람의 됨됨이나 역량에 따라 나타난다는 말씀이다. 이렇듯 그 됨됨이에 따라 각양각색으로 깨달아야 이 세상이 또한 조화를 이룰 수 있는 것이다.

11 '현기(玄機)'는 현묘한 기틀. 인위적(人爲的)인 것이 아니라 한울님의 뜻에 의하여 나타나는 한울님 자취의 신이한 현상을 말함. 이런 현기가 나타나지 않아도 조급해 하지 말라는 말씀이다.

12 윗 구절과 연결되는 부분. '현기가 드러나지 않아도 마음을 조급하게 갖지 말고, 열심히 마음을 닦아 그 공이 이루어진 날에 지상신선과 같은 좋은 인연이 있을 것'이라는 말씀임.

13 '허(虛)'란 모양도 없고 볼 수도 없는 것을 말함. 즉 사람의 마음은 이와 같이 모양도 없고 볼 수도 없는 것이므로 만물에 응하여도 아무런 자취도 없다는 말씀이다.

14 마음은 모양도 없고 볼 수도 없어 비어 있는 것과 같으나, 그 마음을 닦아야만 한울님의 덕을 알 수 있고, 덕이 밝아지는 것이 곧 도라는 말씀이다. 마음 공부와 한울님 덕과 한울님의 이법인 도의 관계를 말씀하였다.

15 마음 공부로 도를 이루는 것은 한울님 덕에 있는 것이지 다른 사람에 의하여 되는 것이 아니다. 또 그 도를 이루는 것은 굳은 믿음에 있는 것이지 공부에 있는 것이 아니다. 즉 공부를 하되 올바른 믿음으로 해야 하며, 한울님의 덕이 온 천하에 펼쳐져 만물이 화생하고 또 살아갈 수 있다는 것을 깨닫는 것에 도의 본질이 있다는 말씀이다.

16 한울님의 이법인 도는 우리 삶 가까이 있지 결코 먼 곳에 있지 않다는 말씀. 또한 이 도를 깨닫고 이루는 것은 정성에 있지 한갖 구하는 것에 있지 않다는 말씀.

17 만물이 생기기 이전(不然)이나 만물이 생긴 이후(其然)나 그 이치에 있어서는 서로 같은 것이다. 그러므로 모든 만물을 아우르는 근본 이치를 밝히는 도가 멀리 있는 것같으나 결코 멀리 있는 것이 아니라는 말씀임.

으로 도에 정진해야만, 모든 일이 한울님의 뜻과 같이 될 것이다.

흐린 기운을 쓸어서 없애고, 마치 어린아이 기르듯 맑은 기운을 길러야 한다. 한갓 마음을 지극하게 하는 것이 아니라, 오직 바르게 하는 것에 있다.

밝고 맑은 기운은 은은한 가운데 자연히 화하여 나오는 것이요, 앞으로 다가오는 모든 일들 역시 한울님의 한 이치로 돌아가게 될 것이다.

다른 사람의 작은 허물을 내 마음에 두고 논하지 말며, 비록 나의 작은 지혜라도 다른 사람에게 베풀 수 있어야 한다.

이 큰 도를 개인적인 소망이나 빌고, 기복에 매달리는 작은 일에 쓰지 말라. 일에 임하여 마음을 다하여 정성을 드리면, 자연한 가운데 도움이 있게 된다.

도를 닦은 결과는 그 사람의 기국에 따라 나타나는 것이다.

한울님의 현묘한 기틀이 쉬이 나타나지 않아도 마음을 조급하게 갖지 말라. 정진하여 공을 이루는 그날에 반드시 지상신선과의 좋은 인연이 있을 것이다.

마음은 본래 형상도 없고 또 보이지도 않는 것이다. 그러므로 마치 비어 있는 것 같아서 사물에 응하여도 자취가 드러나지 않는다.

그러나 형체도 모양도 없는 그 마음을 닦아야만 한울님이 우리에게 베풀어준 은덕을 알 수 있는 것이요, 한울님 덕을 밝히는 것이 바로 도이다.

도를 깨닫고 이룬다는 것은 한울님 덕에 있는 것이지 결코 사람의 인위적인 것에 의하여 이룩되는 것은 아니다.

믿음에 있는 것이지, 공부만 한다고 해서 이룩되는 것은 아니다. 가까이에 있는 것이요 멀리 있는 것이 아니며, 정성에 있는 것이지 구하는 것에 있는 것이 아니다.

만유가 화생하는 이치(不然)이나 만유가 화생되어 겉으로 드러난 현상(其然)이나 그 본원을 따져 보면 서로 같은 것이다.

그러므로 만물을 아우르는 근본 이치를 밝힌 도란 멀리 있는 것 같으나 결코 멀리 있는 것이 아니다.

시문(詩文)·2

「시문 · 2」는 본래 계미판 등의 고본에는「탄도유심급」 말미에 붙어 있던 것이다. 그러나 그 내용에 있어서는「탄도유심급」과 같으나, 그 형식이 다소 다르기 때문에 후대에 별도로 분리하여 「시문」이라는 이름으로 장을 달리 하였다.
「탄도유심급」의 내용과 한 가지로 수련을 하는 사람들에게 매우 유용한 길잡이가 되는 시가 된다.
이「시문 · 2」 역시 한편의 일관된 시라기보다는, 몇 편의 시를 모은 것으로 판단된다.

시문(詩文) · 2

纔得一條路[1] 步步涉險難

山外更見山 水外又逢水

幸渡水外水 僅越山外山

且到野廣處 始覺有大道

苦待春消息 春光終不來

非無春光好 不來卽非時

玆到當來節 不待自然來

春風吹去夜 萬木一時知

一日一花開 二日二花開

三百六十日 三百六十開

一身皆是花 一家都是春

甁中有仙酒 可活百萬人

釀出千年前 藏之備用處

無然[2]一開封 臭散味亦薄

---

1 한 가닥 아주 좁은 길.

2 아무런 까닭 없이. 곧 부질없이.

今我爲道者 守口如此甁[3]

힘들게 한 가닥 길 찾아 겨우 겨우 험한 길 지나고 나니
산 너머에 또 다시 산, 물 건너에 또 다시 물 만나는구나.
다행히도 물 너머 물을 건너고, 겨우 산 밖의 산을 넘으니
마침내 드넓은 곳에 이르러, 비로소 대도 있음을 깨닫게 되네.
안타까이 봄 오기를 기다려도 봄볕 마침네 오지를 않네.
봄빛 좋아하지 않음이 아니지만,
오지 않는 것은 때가 아니기 때문이네.
그 절기에 이르면, 기다리지 아니해도 자연히 오네.
지난 밤 봄바람 부니, 온 세상 나무들 일시에 봄을 알아차리네.
하루에 한 송이 꽃 피고 두 날에 두 송이 꽃이 피니
삼백예순 날, 삼백예순 송이 꽃이 피네.
한몸이 다 꽃이요, 온 집안이 모두 봄이로구나.
병 안에는 신선이 빚은 술 담겨 있으니,
가히 백만의 사람을 살릴 술이로다.
빚어낸 건 천년 전이지만, 마땅히 쓸 곳 있어 이렇듯 간직하노라.

---

3 수도하는 사람은 자신의 입 지키기를 밀봉한 병같이 하여 함부로 앞날을 이야기하는 행실을 삼가라는 말씀.

부질없이 한번 봉한 것을 열면, 냄새 날아가 맛 역시 밋밋해지니
지금 수도하는 사람들 입지키기를 이 병과 같이 하시오.

결(訣)

問道今日何所知 意在新元癸亥年[4]

成功幾時又作時[5] 莫爲恨晩其爲然

時有其時[6]恨奈何 新朝唱韻待好風

去歲西北靈友尋[7] 後知吾家此日期[8]

春來消息[9]應有知[10] 地上神仙聞爲近

此日此時靈友會[11] 大道其中不知心[12]

도를 묻는 오늘, 아는 바 무엇인가.

---

4 이때의 계해년은 서기 1863년이다.

5 공을 이룬 후 얼마의 시간이 지난 때. '공을 이루었다.'는 것은 '도를 이루었다.'는 의미.

6 '때는 그 때가 있다.' 운(運)이 돌아와 공을 이룰 때가 천운(天運)에 의하여 정해져 있다는 말.

7 '거세(去歲)'는 지난 해. '서북영우심(西北靈友尋)'이란 곧 서북쪽에서부터 찾아온 좋은 벗이라는 뜻. 당시 수운 선생께서 머물던 곳이 경상도 동해가인 흥해(興海)다. 이곳에서 수운 선생께서 접주제를 실시한다. 그러므로 사방의 접주들이 이곳 흥해로 모이는데, 이들은 대부분 흥해 서쪽 혹은 북쪽에서 온 사람들다. 이를 반영한 시라고 본다.

8 '오가차일기(吾家此日期)'란 이곳(영해 손봉조가)에서 처음 접주제를 실시한, 그날의 기약이라는 의미. 이 중요한 접주제의 실행과 그때의 기약은 훗날 도가 밝혀지고, 운이 돌아오면, 세상 사람들이 모두 자연 그 의미의 진수를 알게 될 것이라는 말씀이다.

9 '봄이 오는 소식'이라는 뜻. '봄'은 곧 지상천국의 세상이 돌아오는 때를 상징하는 말.

10 마음에 자연스럽게 응하여 알게 된다는 뜻.

11 '이날 이때'는 곧 접주제를 시행하고 각 접주들이 모인 때.

12 헤아릴 수 없는 마음.

뜻은 새해 계해년에 있느니

공을 이룬 지 얼마인데 또 때를 만나겠는가.

늦는다고 한탄하지 마라, 그렇게 되는 것을.

때는 그 때가 있나니, 한탄한들 무엇 하겠느냐.

새해 새 아침에 운을 불러 좋은 때를 기다린다.

지난 해 서북쪽에서 어진 벗들이 찾아옴이여,

훗날 알리라, 우리의 이 집에서의 이날 기약을.

봄이 오고 있음을 마음으로부터 응하여 알 수 있으니,

지상신선의 소식 가까워지네.

이날 이때 어진 벗들의 모임이여,

대도 그 가운데 헤아릴 수 없는 마음이 있구나.

우음
(偶吟)

「우음」은 제목처럼, 수운 선생이 수행 도중 우연히 깨닫게 된 사유들을 쓴 시이다. 이 「우음」 역시 한 편의 작품이 아니다. 수행 중 그때그때 깨달음이 있을 때마다 쓴 것이기 때문에 쓴 시기나 장소가 모두 다를 것으로 생각된다. 즉 다양한 시간과 공간에서 각각 쓰여진 시를 모아서 「우음」이라는 제하에 묶은 것으로 생각된다.

우음 · 1(偶吟 · 1)

南辰圓滿[1]北河回[2] 大道如天脫劫灰[3]

鏡投萬里[4]眸先覺 月上三更意忽開[5]

何人得雨[6]能人活 一世從風[7]任去來

百疊塵埃[8]吾欲滌 飄然騎鶴向仙臺[9]

淸宵月明無他意 好笑好言古來風

人生世間有何得 問道今日授與受

有理其中姑未覺 志在賢門[10]必我同

天生萬民道又生 各有氣象吾不知

通于肺腑無違志 大小事間疑不在

---

1 남쪽 별이 차오른다는 말은 곧, 천체의 변화 상징. 동양에서 오랫 동안 천체의 변화가 곧 인간계의 변화와 상응하는 것이라고 생각하여 이를 인간계, 나아가 우주 변화의 중요한 상징으로 써왔다. 이 구절은 선천이 물러가고 후천의 운이 돌아온다는 것을 상징적으로 표현한 것.

2 '하(河)'는 은하수. 북쪽엔 은하수가 둘러져 있다는 뜻. 이 역시 우주의 변화를 의미하는 말이다.

3 큰 화재에 의하여 세상이 멸망하는 재앙을 말함.

4 거울에 만리를 비춘다는 뜻으로, 거울을 통해 만리 같은 먼 곳을 내다본다는 뜻.

5 뜻이 홀연히 열린다는 뜻으로, 문득 깨달음이 있다는 말임.

6 어느 사람이 비를 얻을 것인가 하는 뜻으로, '비'는 곧 만물을 소생시키는 혜택의 상징.

7 '일세(一世)'는 한 세상, 곧 사람이 살아가는 일생. 즉 한 생애를 바람에 떠밀리 듯 살아간다는 말.

8 겹겹이 쌓인 먼지. 사람이 사는 동안 쌓이는 세속의 먼지, 곧 관습에 의한 속된 마음.

9 '학을 타고 신선이 사는 곳을 향한다.' 세속의 습관을 모두 씻어내고 신선의 경지에 든다는 말.

10 슬기로운 사람의 문하(門下).

馬上寒食[11]非故地[12] 欲歸吾家友昔事

義與信兮又禮智 凡作吾君一會中

來人去人又何時 同坐閑談願上才[13]

世來消息又不知 其然非然聞欲先

雲捲西山諸益[14]會 善不處卞[15]名不秀

何來此地好相見 談且書之意益深

不是心泛[16]久不此 又作他鄉賢又看

鹿失秦庭[17]吾何群 鳳鳴周室[18]爾應知

不見天下[19]聞九洲[20] 空使男兒心上遊[21]

聽流覺非洞庭湖[22] 坐榻[23]疑在岳陽樓[24]

吾心極思杳然間 疑隨太陽流照影

---

11 '마상(馬上)'은 세상을 떠도는 것, 다시 말해 나그네의 심정으로 한식을 맞이하게 되었다는 말.

12 연고가 있는 땅이라는 뜻으로, 고향을 말함.

13 세상을 새롭게 이끌어나갈 상・중・하재의 인재 중 최고의 능력과 재능을 지닌 인재.

14 여러 친구, 특히 자신에게 도움을 줄 수 있는 친구들. '益者三友 損者三友'(『논어』)

15 선(善)함을 처변하지 아니하다. 곧 선한 행동이나 처신을 하지 아니함.

16 마음이 물에 떠 있듯이 이리저리 한곳에 안정하지 못하는 마음 상태.

17 사슴이 진나라 궁궐의 정원을 잃게 되었다는 말. 진나라가 망함을 의미.

18 봉새가 주나라 궁궐에서 울었다는 말. 주나라가 흥하여 새롭게 일어남을 말함.

19 천하를 보지 못했다는 말. 이때의 천하는 중국 천하를 말한다.

20 중국 전체. 예로부터 중국을 아홉의 구역으로 나누어 생각한 데에서 나온 말.

21 마음이 위에서 논다는 말. 들떠 설레는 마음을 뜻함.

22 중국 호남성(湖南省) 북부에 있는 중국 제일의 호수.

23 '탑(榻)'은 선비들이 글을 읽는 작은 책상. 책상머리에 앉아 있다는 의미.

24 동정호의 기슭에 있는 누각의 이름. 명승지로 이름이 있음.

남방의 별들이 가득 차 오르고, 북쪽으론 은하수 둘러 있구나.

대도는 하늘이 재앙에서부터 벗어나는 것과 같다.

거울 속 만리를 투시하나 눈동자가 먼저 깨닫고,

삼경 높이 뜬 달, 홀연히 뜻 열리는구나.

어느 누가 비를 얻어 능히 사람을 살리겠는가.

한 세상 바람을 좇듯이 그렇게 오가며 임의로 살아 왔네.

겹겹이 쌓인 세속의 먼지나 씻어내고자 하여

표연히 학을 타고 선대 향해 날아가고자.

하늘이 맑고, 달이 밝은 것, 다른 뜻이 있는 것 아니네.

즐거이 웃으며 이야기를 나누는 우리의 좋은 풍속일세.

사람이 이 세상에 살아가며 무엇 얻음이 있겠는가.

도를 묻는 오늘, 주고 또 받는 그 기쁨이 있을 따름이네.

이치 그 가운데 있으나 아직 깨닫지 못하였네.

어진 이의 문하에 있으니 그 뜻 반드시 나와 같으리.

하늘이 만민을 내시고 도 또한 내셨으나,

제 각기 기상이 있음을 내 알지 못함이라.

폐부를 통한 그 뜻 어김이 없으리니,

크든 작든 일 사이에, 의심할 일 없을 것이리.

말 위에서 맞이하는 한식절이여. 나의 고향이 아니로구나.

고향으로 돌아가 옛일을 벗 삼아 살고 싶으이.

의(義)와 신(信)이여, 또 예(禮)와 지(智)여.

무릇 나와 그대가 한번 만나는 그 가운데 생겨나는 것이로다.

오는 사람 가는 사람 그때는 또 어느 때인가.

같이 앉아 한가로이 이야기를 하며 상재 오기를 기다리노라.

세상에 전해 오는 소식들, 또 알지 못하나,

그러한지 그렇지 아니한지 먼저 듣고자 하네.

구름 걷히는 서산 자락에 여러 좋은 벗들은 모였지만,

옳고 그름을 가리지 않아 그 이름 세상에 빼어나지 못하는구나.

어디에서 이곳으로 와 서로 반갑게 만났구나.

이야기하며 또 글을 쓰니 그 뜻 더욱 깊어지누나.

이 마음이 떠나서 이곳에 오래 머물지 않고자 함이 아니로다.

또 다른 마을에서 어진 벗들을 만나보고자 함이로다.

진나라가 사슴을 잃었도다. 우리는 과연 어느 무리인가.

봉황이 주나라 궁궐에서 우니 그대는 응당 그 뜻을 알리라.

내 천하를 모두 둘러보지는 못했어도 구주가 있음을 들었고

공연히 이 대장부로 하여금 마음만 설레게 하는구나.

흐르는 물소리를 듣고 동정호 아님을 깨닫고,

책상에 앉은 채 악양루에 와 있는가, 의아스럽다.

나의 마음 지극히 묘연한 그 사이 생각하고 있나니,

의심컨대 태양을 따라 비추는 그림자 흘러 보냄인가.

팔절
(八節)

「팔절」은 '전팔절'과 '후팔절'로 되어 있다. 여덟 개의 절(節)로 되어 있기 때문에 이렇게 이름을 붙였다. 마음공부에 필요한 '명(明)', '덕(德)', '명(命)', '도(道)', '성(誠)', '경(敬)', '외(畏)', '심(心)' 등의 여덟 항목의 수행 요결을 묻고 답하는 형식으로 되어 있다. 따라서 이 「팔절」은 앞 절이 조건절의 형식이고, 뒷 절은 이 조건절에 부응하는 형식으로 되어 있다.

동학의 2세 교주의 법설(法說)에서, '명덕명도(明德命道)' 네 항목은 하늘과 사람이 형성된 근본을 말하는 것이요, '성경외심(誠敬畏心)' 네 항목은 몸체를 이룬 뒤에 다시 갓난아이의 마음을 회복하는 절차라고 설명하였다. 다시 말해서, 명(明) • 덕(德) • 명(命) • 도(道)의 네 항목은 우주 만유가 생성되게 되는 근본이며, 성(誠) • 경(敬) • 외(畏) • 심(心)의 네 항목은 수련을 통해 한울님으로부터 품부(稟賦)받은 그 마음을 다시 회복하게 하는 중요한 덕목이라는 말이다. 이 「팔절」은 동학 수행의 중요한 길잡이가 된다.

전팔절(前八節)

不知明之所在[1] 遠不求而修我

不知德之所在[2] 料吾身之化生

不知命之所在[3] 顧吾心之明明

不知道之所在[4] 度吾信之一如

不知誠之所致[5] 數吾心之不失

不知敬之所爲[6] 暫不弛於慕仰

不知畏之所爲[7] 念至公之無私

---

1 '명(明)'은 근원적인 밝음. 세상 모든 것의 근원에 대한 이치가 밝혀지는 그 밝음. 그 이치는 멀리 있는 것이 아니라 바로 자신에게 있으므로, 자기 자신을 닦으라고 말씀하신 것이다.

2 '덕(德)'은 곧 이 세상에 드러나 있는 한울님의 덕. 이 한울님의 덕에 의해 이 세상에 화생(化生)하여 태어난 우리의 근본을 헤아려 보면, 한울님 덕이 어디에 있는지 알게 된다는 말씀이다.

3 '명(命)'은 한울님이 우리에게 내린 천명(天命). 내 마음이 처음 한울님으로부터 품부(稟賦)받을 때에는 밝고 밝았다. 그러나 나쁜 습관에 의하여 구습이 낀 것이다. 그러므로 마음을 닦아 밝고 밝음을 다시 회복하면 한울님이 내린 천명의 소재를 알게 된다는 말씀이다.

4 '도(道)'는 우주가 운행되는 근본 이치 또는 한울님의 섭리. 그러므로 '도'의 소재를 알기 위해서는 먼저 그 한울님을 믿어야 하며, 그 믿음이 한결 같아야 하는 것이다.

5 '성(誠)'은 한울님께 드리는 나의 정성. 이 정성의 허실은 나의 마음에 달려 있는 것이다. 그러므로 내 이 마음이 정성의 실질을 얻었는지 얻지 못하였는지를 헤아리라고 말씀하신 것이다.

6 '경(敬)'은 한울님을 공경하는 마음. 한울님을 지극히 공경한다는 것은 생활 속에서 잠시라도 한울님을 모앙(慕仰)하는 마음을 늦추지 않는 것이다.

7 '외(畏)'는 한울님을 공경하고 또 두려워하는 마음. 내가 사사로움에 치우치지 않고 공변된 마음을 지닌다는 것이 한울님의 뜻을 바로 따르는 것이다.

不知心之得失[8] 察用處之公私

밝음(明)이 어디에 있는지 알지 못하거든,

멀리 구하지 말고 나를 닦으라.

덕(德)이 무엇인지 알지 못하거든,

내가 어떻게 이 세상에 태어났는지, 그 이치를 헤아리라.

명(命)이 무엇인지 알지 못하거든,

내 마음의 밝고 밝음을 돌아보라.

도(道)가 있는 바를 알지 못하거든,

내 믿음이 한결 같은가를 헤아리라.

올바르게 정성(誠)을 드리는지 알지 못하거든,

내 바른 마음을 잃지 않았는가를 헤아리라.

---

8 '심(心)'은 사심(私心)이 아닌 공변된 마음. 이 공변된 마음을 지니고 있는가 그렇지 못한가를 알기 위해서는 이 마음이 어떻게 쓰이는가를 살펴보면 알 수 있는 것이다. 사사로이 쓰이게 되면 이는 곧 사심(私心)이므로 마음의 얻음이 없는 것이요, 공변되게 쓰면 이는 공심(公心)이므로 마음을 얻음이 되는 것이다.

올바르게 공경(敬)하고 있는지를 알지 못하거든,

잠시라도 한울님 모앙하는 마음을 늦추지 마라.

두려워하는(畏) 마음이 나에게 있는지를 알지 못하거든,

내 마음 씀이 지극히 공변되어 사사로움이 없는가를 생각하라.

마음(心)에 얻고 잃음을 알지 못하거든,

나의 마음 씀이 공심인지 사심인지를 살피라.

후팔절(後八節)

不知明之所在[9] 送余心於其地

不知德之所在[10] 欲言浩而難言

不知命之所在[11] 理杳然於授受

不知道之所在[12] 我爲我而非他

不知誠之所致[13] 是自知而自怠

不知敬之所爲[14] 恐吾心之寤昧

不知畏之所爲[15] 無罪地而如罪

不知心之得失[16] 在今思而昨非

밝음(明)이 무엇인지 알지 못하거든,

내 마음을 그 근원의 자리로 보내라.

---

9 근원적인 밝음인 '명(明)'을 알기 위해서는 내 마음을 그 자리로 보내야 한다.

10 한울님의 '덕(德)'을 사람들이 알지 못하는 것은 너무 넓고 또 표현하기 어렵기 때문이다.

11 한울님이 우리에게 내린 '명(命)'을 사람들이 알지 못하는 것은 그 이치를 주고 받는 것이 묘연하기 때문이다.

12 우주가 운행되는 근본 이치, 한울님의 섭리(道)는 내가 나 되는 그 이치 속에 있는 것이다.

13 한울님에 대한 내 정성이 이르렀는지 알지 못하는 것은 스스로 게으르기 때문이다.

14 한울님을 공경함을 알지 못한다는 것은 내 마음이 거슬리고 또 몽매하기 때문인 것이다.

15 한울님에 대하여 두려운 마음을 갖는다는 것은 늘 죄 있는 듯이 경외의 마음을 갖는 것이다.

16 올바른 마음으로 회복되지 않은 지난 날의 마음은 사심이다. 그러므로 늘 지난날의 마음의 잘못된 점을 오늘에 반성하여 공심을 회복해야 한다.

한울님 덕(德)이 무엇인지 알지 못하는 것은,
말로 표현하고자 하나 방대하여 표현하기 어렵기 때문이다.

한울님으로부터 품부받은 명(命)이 무엇인지 알지 못하는 것은,
주고받는 그 이치가 너무나 묘연하기 때문이다.

도(道)가 무엇인지 알지 못하거든,
내가 나 됨이요 다른 것이 아님을 알아야 한다.

나의 정성드림이 올바른가를 알지 못하는 것은,
스스로 자신이 게으르다는 것을 알아야 한다.

나의 공경(敬)됨이 어느만큼이나 되는지 알지 못하거든,
내 마음이 몽매함을 두려워해야 한다.

한울님 두려워하는(畏) 마음이 나에게 있는지를 알지 못하거든,
죄 없는 곳에서 죄 있는 듯이 해야 한다.

공변된 마음을 지녔는지 아닌지를 알지 못하거든,
어제의 잘못을 다시금 생각하고 반성하라.

제서(題書)

得難求難[17] 實是非難[18]

心和氣和[19] 以待春和

얻기도 어렵고 구하기도 어려우나

실제 이것은 어려운 것이 아니다.

마음이 화해지고 기운이 화해져

봄기운과도 같이 화해지기를 기다리라.

---

17 여기서 '얻고 구하는 것'은 한울님 기운으로 화(和)해지는 경지이다.

18 한울님의 기운에 의하여 화해지는 경지를 무턱대고 얻거나 구하려고만 하면, 이는 실로 어려운 일이다. 그러나 심화(心和)하고 기화(氣和)하여서, 겨울이 가면 봄기운이 저절로 화해지는 것과 같이 되는 경지를 기다리면, 자연히 되는 것이기 때문에 '실제로는 어려운 것이 아니다.'

19 '마음이 화해진다(心和)'는 것은 나의 습관심이 없어지고 한울님 마음을 회복하여, 내 마음과 한울님 마음이 하나로 화해지는 것. 또한 이러한 마음은 기운 작용을 통해 실행되는 것이기 때문에, 내 기운 역시 한울님 기운과 화해져야 한다. 이것이 기화(氣和)이다. 〈논학문〉에서 '시(侍)'를 설명할 때 말한 '내유신령 외유기화(內有神靈 外有氣化)'가 바로 심화 기화의 경지라고 할 수 있다.

영소
(詠宵)

「영소」는 '저녁 또는 밤을 노래한다.'는 의미이다. 그렇다고 이 편의 시들이 모두 밤이나 저녁을 배경으로 한 작품은 아니다. 다만 밤의 고요함과 같은 고요한 깨달음의 세계를 노래했기 때문에 이러한 제목을 붙인 것이라 생각된다.

앞의 다른 시들과 마찬가지로, 이 「영소」 역시 많은 짧은 시들을 모아서, 하나의 제목을 붙인 것으로 보인다. 특히 끝에 실린 시는 수운 선생이 대구 감영에 갇혀 있는 동안에 쓴 유시(遺詩)이다.

종교적 깨달음의 세계를 여러 방향에서 노래하고 있음을 볼 수가 있다.

영소(詠宵)

也羞俗娥[1]飜覆態 一生高明廣漢殿[2]

此心[3]惟有淸風知 送白雲使藏玉面[4]

蓮花倒水[5]魚爲蝶[6] 月色入海雲亦地

杜鵑花[7]笑杜鵑啼 鳳凰臺役鳳凰遊

白鷺渡江乘影去[8] 皓月欲逝鞭雲飛

魚變成龍潭有魚 風導林虎故從風[9]

風來有迹去無迹 月前顧後每是前

---

1 '속된 계집(또는 항아)을 부끄러이 여기다.'라는 뜻으로 풀이할 수 있다. 그러나 여기서는 한문 풀이만이 아니라, 음차(音借)를 통한 이두식 풀이도 가능하다. 즉 '야수(也羞 : 야소. 곧 오늘의 기독교.)에게 속아(俗娥 : 속아서)'라고 풀이할 수 있다. 따라서 이는 곧 '세상의 속된 계집들이 이리저리 번복하는 모양이 부끄러웁 듯이, 당시 서학에 속아 번복하는 세상의 세태가 싫어서' 라고 풀이할 수 있다.

2 '광한전'은 달에 있다는 궁궐 누각의 이름. 즉 세상의 세태가 부끄러워 높이 광한전에 올라 다만 세상을 그윽하게 비추기만 했다는 말이다.

3 '이 마음'이란 곧 광한전에 올라 밝게 비추기만 했다는 그 마음.

4 옥같이 맑은 얼굴이라는 뜻으로, 밝게 비추는 '달'을 말함.

5 연꽃이 물에 비치는 모양.

6 연꽃이 물에 비치니, 그 사이로 노니는 물고기가 마치 꽃 사이로 날아다니는 나비 같다는 뜻.

7 진달래꽃.

8 백로가 강을 건널 때 그림자를 타고 간다는 말은 백로가 자신의 그림자 타고 건너 듯, 미끄러지듯 강을 날아 건넌다는 표현.

9 못에 물고기가 있고 숲에 바람이 이는 것을 어변성용(魚變成龍)의 고사와 호랑이를 끌어들여 재미 있게 묘사한 구절.

煙遮去路踏無迹 雲加峰上尺不高

山在人多[10]不曰仙 十爲皆丁[11]未謂軍

月夜溪石去雲數[12] 風庭花枝舞蝴尺[13]

人入房中風出外[14] 舟行岸頭山來水[15]

花扉自開春風來 竹籬輝疎秋月去

影沈綠水衣無濕 鏡對佳人語不和

勿水脫乘美利龍[16] 問門犯虎那無樹[17]

半月山頭梳[18] 傾蓮水面扇[19]

烟鎖池塘柳[20] 燈增海棹鉤[21]

---

10 '산에 사람이 있다'는 신선 선(仙)의 글자를 풀어서 한 말.

11 '열이 모두 정이 된다'는 열 십(十) 자를 좌우상하 어디에서 보아도 정(丁) 자 같이 보인다는 말.

12 '달밤에 시냇가 돌들을 구름이 지나며 헤아린다'는 뜻. 달 밝은 밤 시냇가로 구름이 한가로이 지나는 광경을 묘사한 시.

13 나비가 날며 날개를 접었다 폈다 하는 모양을 자에 천을 대어 가며 길이 재는 것에 비유한 것.

14 사람이 방에 드니 바람은 밖으로 나간다는 말은 사람들이 방으로 들어오니 냉기가 돌던 방이 다소 온기가 돌고, 그래서 차가운 바람이 마치 밖으로 나가는 것과 같다는 뜻.

15 배가 언덕머리로 다가가니 산이 물로 온다는 말은 배를 저어 언덕에 서서히 이르니 산그림자가 더욱 가까이 물에 드리어 비치는 모습을 묘사한 것.

16 물 수(水), 탈 승(乘), 미리 용(龍) 등으로 한자의 음과 훈을 쓴 듯하다. 그러나 이를 굳이 번역하면, '물을 벗어나서 아름답고 좋은 용은 타지 마라.'라는 경구(警句)가 된다. 즉 '물'이라는 조건이 부여된 이후에 용을 만나는 것이 좋다는 의미가 된다.

17 역시 앞절과 같이, 문 문(門), 범 호(虎), 나무 수(樹) 등으로 한자의 음과 훈을 쓴 듯하다. 이를 굳이 번역하면, '묻노니 범이 침범하는 문에 어찌 나무가 없겠는가.'라는 구절이 된다.

18 산머리에 걸려 있는 반달은 마치 그 산머리 빗고 있는 빗과 같다는 표현.

19 물 위에 비스듬이 피어 바람에 흔들리는 연꽃은 마치 부채와 같다는 표현. 앞절에 대한 대구.

20 물안개가 일어 연못가의 버드나무를 가리는 풍경을 묘사한 것.

21 먼 물 위로 하나 둘 나타고 있는 고기배의 등불은 곧 그 물 위에 하나 둘 늘어나는 낚시배의 노요, 또 낚시바늘이라는 말임.

燈明水上[22]無嫌隙[23] 柱似枯形力有餘

야소교(耶蘇敎)에 속아 번복하는 세태를 부끄러이 여겨,

내 높이 광한전(廣漢殿)에 올라 다만 세상 비추고 있을 뿐이도다.

이러한 내 마음 오직 맑은 바람만이 알고 있어,

흰 구름을 보내어 내 얼굴을 가리는구나.

연꽃이 물에 그 모습 비추니 노니는 물고기들

꽃 사이로 날아다니는 나비와도 같고

달빛 바다 위 펼쳐진 구름 속으로 드니, 광활한 땅과 같구나.

진달래꽃 핀 동산에 두견새는 슬피 울고,

봉황대 높이 지으니 봉황 또한 와서 노니는구나.

백로는 그림자 타고 강을 건너고,

밝은 달은 달려가고자 구름을 채찍질하네.

물고기가 변하여 용이 되니, 그래서 연못에는 물고기가 있고,

숲 속의 범을 바람이 끌어내니, 그래서 바람이 따라가는구나.

바람이 올 때에는 자취가 있으나 갈 때에는 자취가 없고,

달 앞에서 뒤돌아보면 언제나 나는 달 앞에 있구나.

---

22 등불이 물 위로 환하게 비추는 모양.

23 '혐(嫌)'은 혐의를 말하고, '극(隙)'은 틈을 말하나다. 따라서 합하여 혐의를 받을 만한 틈을 의미한다. 수운 선생께서 아무러한 혐의도 없이 관에 체포되어 참형을 당하신 것을 암시함.

앞길을 가린 안개 밟아도 그 흔적이 없고,

봉우리 위에 얹힌 구름, 그 높이 조금도 높아지지 않았구나.

산에 아무리 사람이 많이 살아도, 모두를 신선이라 말할 수 없고

열 사람 모두 장정이어도 군정(軍丁)이라고는 말할 수 없네.

구름은 달빛 따라 냇가의 돌들 헤아리며 지나가고

바람 부는 뜰 나비가 춤추며 꽃가지 자질하네.

사람이 방에 들면 바람은 밖으로 나가고,

배가 언덕머리로 다가가니 산은 물로 내려오네.

봄바람 불어오니 꽃 사립문 스스로 열리고

가을 달 기우니 대나무 울타리 빛 성기네.

푸른 물속에 그림자 잠겼어도 옷은 젖지 아니하고,

미인을 거울 속에서 대했으나 말하여도 화답치 못하네.

물을 벗어나서는 아름답고 좋은 용을 타지 말고.

묻노니 문에 범이 침범하니 어찌 나무 몽둥이가 없겠는가.

산머리에 걸린 반달은 산머리를 빗는 얼레빗과 같고,

물 위에 비스듬히 핀 연꽃 바람에 흔들려

연못을 부쳐주는 부채와 같구나.

연못에서 피어나는 이내 속 미루나무는 서서히 잠겨 가고,

먼 물 위로는 고기잡이배의 불빛 하나 둘 살아나고 있구나.

등불이 물 위에 밝게 비추이니

그 아무런 혐의의 틈은 찾을 수 없고,

기둥은 비록 마른 나무의 모양이지만

그 힘은 남음이 있도다.

필법
(筆法)

「필법」은 글씨 쓰는 법이다. 수운 선생은 이 필법을 통하여 궁극적으로는 어떻게 마음공부를 해야 하는가를 제시하고 있다. 따라서 이 「필법」은 단순히 글씨 쓰는 법이 아니라, 동학의 수행에 관한 가르침이 담긴 글이다.

필법(筆法)

修而成於筆法 其理在於一心 象吾國之木局[1] 數不失於三絶[2] 生於斯得於斯 故以爲先東方[3] 愛人心之不同 無裏表於作制[4] 安心正氣始劃 萬法在於一點 前期柔於筆毫[5] 磨墨數斗可也[6] 擇紙厚而成字 法有違於大小 先始威而主正 形如泰山層巖

마음을 닦은 연후에 글씨 쓰는 법을 이루나니, 마음공부와 글씨를 쓰는 필법 그 이치가 한 마음에 있는 것이다.

---

1 '우리나라는 나무 형국을 상징한다.' 우리나라는 동방(東方)이며, 팔괘(八卦)의 진(震), 오색(五色)의청(靑), 오행(五行)의 목(木)이다. 해월 선생도 〈개벽운수(開闢運數)〉에 "이 운수는 동방에서 먼저하니, 동방은 목운이라. 그런 까닭으로 서로 부딪치면 불이 날 것이다.(此運 先於東方 東方木運 故相撲則生火也)"라고 말씀하셨다. 수운 선생의 이 말씀을 이은 것이라고 생각된다.

2 '삼절(三絶)'은 여러 가지 뜻이 있다. '위편삼절(韋編三絶)'의 '삼절'도 있고, 매우 뛰어난 세 가지라는 의미도 있다. 해월신사는 〈개벽운수(開闢運數)〉에서 "우리 도는 삼절의 운에서 창립되었다. 그러므로 나라와 백성이 모두 삼절의 운을 면하지 못하리라.(吾道 創立於三絶之運 故國與民 皆未免此三絶之運也)"라고 말씀하는 것으로 보아, 여기서는 세 번 끊어지는 큰 어려움을 뜻한다고 본다.

3 '이에서 살고 이에서 얻는'다는 말씀은 곧 수운 선생께서 동방에서 나시어 동방에서 도를 얻었으니 동방의 우리나라를 먼저 한다는 말씀.

4 이 세상 모든 사람의 마음이 서로 같지 않지만, 한결같이 사랑하고 아껴야 하기에, 이러한 마음을 다스릴 법제와 제도를 짓는 데에도 안팎이 없어야 한다는 말씀.

5 글씨를 쓰기에 앞서 먼저 붓끝을 부드럽게 해야 한다는 말씀. 이는 수련을 하기 위해서는 먼저 그 마음이 부드러워져야 한다는 말씀.

6 글씨를 쓰기 위해 먹을 가는 데에 여러 말(斗)을 허비할 정도로 많이 갈라는 말씀. 옛날에 글씨를 쓰는 사람들은 정성된 마음으로 먹을 갈되, 많이 갈아야 했다고 한다. 이는 곧 글씨를 쓰기 위한 마음가짐을 의미하기도 한다. 이처럼 모든 일에 정성을 다하는 것이 곧 수련이라는 말씀.

우리나라는 오행의 나무(木)의 형국을 상징하고 있다. 그러므로 국운이 세 번 끊어지는 어려움이 있을 것이다. 그러나 이와 같은 어려움에서도 결코 잃지 아니할 수(數)이다.

내가 이곳 동방에서 났고 또 이곳 동방에서 도(道)를 얻었다. 그러한 까닭으로 이 동방은 운(運)이 있는 곳이다. 이와 같은 까닭으로 이 동방에서부터 먼저 도가 이룩될 것이다.

사람의 마음이란 그 처음과 끝이 같지 아니하니 안타까운 일이다. 글씨 쓰는 법도를 지음에 있어서도 그 안과 밖이 없어야 한다.

마음을 편안히 하고 기운을 바르게 하여 비로소 획을 긋나니, 만법이 처음 붓 찍는 그 한 점에 있는 것이다.

처음에는 먼저 붓끝을 부드럽게 하고, 먹을 몇 말씩 갈아야 글씨 쓰기를 제대로 쓸 수 있다.

종이는 두터운 것을 택하여 글씨를 써야 하고, 글씨를 쓰는 법도 역시 큰 글씨는 큰 글씨 대로 작은 글씨는 작은 글씨 대로 그 쓰는 법도에 다름이 있는 것이다.

시문(詩文)·3

「시문 · 3」에는 「유고음(流高吟)」, 「우음(偶吟) · 2」 등이 실려 있다. 「유고음」이란 제목은 시의 첫구절인 高峰屹立에서 '고(高)'와 流水不息에서 '유(流)'를 따서 부친 제목이다. 이들 역시 두 편 이상의 시로로 이루어진 작품들이다. 종교적 깨달음과 동학 수행에 필요한 가르침을 담고 있는 시들이 주를 이룬다.

유고음(流高吟)

高峰屹立 群山統率之像

流水不息 百川都會之意

明月虧滿[1] 如節夫之分合[2]

黑雲騰空 似軍伍之嚴威

地納糞土 五穀之有餘

人修道德 百用之不紆[3]

높은 봉 우뚝 솟은 것은 뭇 산을 통솔하는 기상이요.

흐르는 물 쉬지 않고 흐르는 것은 뭇 냇물을 모으려는 뜻이네.

달이 이지러지고 또 차오르는 것은

절개 높은 사나이들 의기투합하여 나뉘고 또 합하는 모습이요.

검은 구름이 하늘에 휘날림은

위엄 있는 군대가 대오를 맞추어 도열한 모습 같구나

땅에 거름을 주어야 오곡이 풍년이 들어 넉넉함이 있고.

사람이 도와 덕을 닦아야 백천만사를 행함에 얽매임이 없느니.

---

1 달이 기울고 또 가득차는 현상을 말함.

2 절의를 지닌 남아가 의기에 의하여 나누어지고 또 합하는 것.

3 세상 백천만사에 그 마음이 조금도 얽매이지 않는 자유로운 상태.

우음 · 2(偶吟 · 2)

風過雨過枝 風雨霜雪來

風雨霜雪過去後 一樹花發萬世春

비와 바람 스쳐간 나뭇가지,

다시 바람과 비, 서리도 눈도 내리네.

바람, 비 그리고 서리와 눈이 지나간 후,

한 나무에 꽃이 피니, 온 세상이 봄을 맞이하네.

통문(通文)과 통유(通諭)

「통문」과 「통유」는 수운 선생이 제자들에게 보낸 편지글이지만, 단순한 소식 이상의 가르침을 담고 있다.
「통문」은 언제 썼는지 알기 어렵다. 남원 은적암에서 돌아온 이후 다시 제자들이 많이 모여들자, 경주 감영에서 지목을 강화하였다. 결국 수운 선생은 감영에 잠시 수감된다. 이에 동학도 700여 인이 감영으로 가서 항의하는 사태가 벌어졌다. 아마도 이 즈음에 쓴 글이 아닌가 생각된다.
「통유」는 남원 은적암에 있는 동안 제자들에게 보낸 편지라고 생각된다. 언제 다시 용담으로 돌아가겠다는 날짜는 밝히지 않았어도, 곧 돌아갈 의향을 비친 글이다. 먼 곳에 있으면서 제자들에게 편지를 통해 가르침을 폈음을 알 수 있는 자료가 된다.

통문(通文)

右文爲通諭事 當初敎人之意 病人勿藥自效 小兒得筆 輔聰化善其中 豈非世美之事耶 已過數年 吾無禍生之疑 不意受辱於治賊之下者 此何厄也 是所謂難禁者惡言 不施者善行 若此不已 則無根說話 去益搆捏 末流之禍 不知至於何境 況此 若是善道 同歸於西夷之學 切非羞恥之事耶 何以參禮義之鄕 何以參吾家之業乎 自此以後雖親戚之病 勿爲 敎人而曾者 傳道之人 竊査極覓通于此意 盡爲棄道 更無受辱之弊 故玆明數行書 布以示之 千萬幸甚

오른편의 글은 통유(通諭)의 일이 되니라.

당초에 사람들에게 가르침을 편 뜻은 병이 든 사람에게 약을 쓰지 않아도 스스로 낫게 하고, 어린아이가 붓을 잡으면 총명해져서 그 가운데 모든 것을 잘하게 되니, 어찌 세상의 아름다운 일이 아니겠는가.

이렇게 하기를 이미 몇 년의 세월이 지나, 나는 화(禍)가 생겨날 것은 조금도 의심하지도 않았다. 그러나 뜻하지 않게도 도적으로 다스려지는 욕을 받았으니, 이 무슨 재앙인가. 이른바 금(禁)하기 어려운 것은 나쁜 말이요, 시행되지 않는 것은 착한 행실이다. 이와 같은 일이 그치지 않으면, 근거 없는 말이 갈수록 더욱 날조됨이 더해져서 나중에는 화가 어느 지경에 이를지 알 수 없는 것이니라. 하물며 이와 같이 좋은 도가 서양 오랑캐의 학이라 몰리게 되니, 이는 진실로 수치스러운 일이 아니겠는가. 어찌 예와 의를 갖춘 마을에 참여하며, 어찌 우리 가문의 일에 참여시키겠는가.

이로부터 이후에는 비록 친척의 병환이라도 시행하지 말지어다. 사람을 교화하여 일찍이 도를 전한 사람은 조심스레 살피고 극진히 찾아보아 이 뜻에 통하여, 정성을 다하여 도(道)를 망각할 지경에 이르면, 다시 욕을 당하는 폐단은 없을 것이니라.

그러한 까닭에 몇 줄의 글을 써서 밝혀, 펴서 보이노니, 그래도 천만 심히 다행한 일이라고 생각된다.

통유(通諭)

壹无通諭之事 而二有不然之端 故三有不得已之行 四有不忍情之書 千萬深量 無書中一失 施行如何 前歲仲冬之行 本非遊江上之淸風 與山間之明月 察其世道之乖常 惟其指目之嫌 修其无極之大道 惜其布德之心 歲換月踰 幾至五朔 入境之初意 只在此山 客不知雲深之處 童應指採藥之行 一以助工課之懈弛 一以聞家事之否安 心有消遣之意 此日之光景 露蹤於三岐 遯名於一世 人心不知 我心之故耶 當初不善處下之故耶 各處諸益 或有事而來 或無事而從聞風而來者半 學論而處者半 客亦自知其一 主會不知其數 此將奈何 如許窮山貧谷 饗賓之道 都不過一二三家而已 宅若處多 則其或不然而産若饒居 則窟中有樂 然而 況此若然之中 老人以詩而心動 少年以禮而强挽 何者 以詩心動 都非心動 學勤拱扶之心也 以禮强挽 不啻强挽 難忍謀忠之誼也 主人孰能無子貢之心 從客亦誤知 孟嘗之禮 豈不歎哉 豈不惜哉 雖有裴度之資 吾不堪 吾事 雖有百結之憂 人亦忘人事 若此不已 則末由不知何境 故不日發程 豈非憫然之事耶 當此潦雨之節 揚風灑雨 草長衣添 不足惜也 竟顧良朋之懸 望恒在不已之中 故玆以數行書 慰以諭之 以此恕諒如何 歸期似在初冬 勿

爲苦俟 極爲修道 以待良時好面 千萬企望

첫째는 통유의 일이 없었고, 둘째는 그렇지 아니한 단초가 있으며, 그런 까닭에 셋째는 부득이 행함이 있으며, 넷째는 참을 수 없는 정(情)의 글이 있음이라. 천만번 깊이 헤아려 글 가운데에서 하나의 빠짐도 없이 시행함이 어떠한고.

지난 해 한 겨울에 떠난 것은 본래 강가의 청풍(淸風), 산간의 명월(明月)과 더불어 놀기 위함이 아니라, 세상의 도가 평상적인 삶과 어긋나는 것을 살피기 위함이니라. 지목의 혐의를 생각하고, 무극의 대도를 닦고, 한울님 덕을 펴려는 마음을 안타까이 여김이로다.

해가 바뀌고 달이 지나 거의 다섯 달에 이르렀구나. 이곳에 처음 들어온 뜻은 다만 이 산에 있으면서, 구름이 덮인 깊은 곳이기 때문에 다른 사람들은 내가 있는 곳을 알지 못할 것이고, 어디 있느냐고 물으면, 동자(童子)가 다만 약초를 캐러 갔다고, 먼 곳을 가리킬 것이라고 생각했기 때문이다.

한편으로는 공부하며 생기는 해이함을 덜고, 한편으로는 집안의 안부나 들으려 함이니라. 마음에는 한가로이 씻어내며 보낼 뜻이 있으나, 오늘의 광경은 종적이 세 갈래의 길에 드러나고, 이름을 일세(一世)에 숨기니, 사람들이 내 마음을 알지 못하는 까닭이구나. 당초에 처변을 잘하지 못한 까닭이로다.

각처의 뭇 벗들이 혹 일이 있어 오고, 혹 일이 없이도 풍문을 따라 오는 사람이 절반이요, 배우고 논하여 한가지로 거처하고자 하는 사람들이 절반이라. 찾아오는 손님들은 모두 찾아오는 자신 한 몸뿐인 줄만 알지만, 맞이하는 주인은 오는 손님마다 맞으면, 그 수가 헤아릴 수 없이 많은 것이로다. 이 장차 어떻게 하겠는가. 이와 같이 궁벽한 산간, 빈궁한 골짜기에 손님을 맞을 방도라고는 모두 불과 한두서너 채의 집이 있을 뿐이로다. 집이라도 많은 곳이라면 혹 그럴 수 있고, 산출이 만약 풍요한 곳이라면 굴속이라도 즐길 수 있을 것이리라. 그러나 이와 같이 그러한 중에 노인들은 시(詩)로써 마음을 움직이고, 어린아이들은 예로써 힘써 만류하니, 어찌할 것인가.

시로써 마음 움직이는 것은 모두 마음 움직이는 것이 아니고, 배움에 힘쓰도록 붙잡고 도와주려는 마음이요, 예로써 힘써 만류하는 것은 힘써 만류할 뿐만 아니라, 충정을 모의하는 정을 참기 어려운 것이리라. 주인은 누가 능히 자공의 마음이 없으며, 따르는 손님 역시 맹상군의 예를 잘못 아니, 어찌 한탄스럽지 아니하며, 어찌 애석하지 아니하겠는가. 비록 배도(裴度)와 같이 많은 재물이 있어도 나는 감당하지 못할 것이요, 내 일이 비록 백결선생과 같은 근심이 있어도, 사람들은 역시 사람들의 일을 잊어버릴 것이니라. 이와 같은 일이 그치지 아니하면, 나중에 닥칠 일이 어느 지경이

될는지 알지 못하노라. 그런 까닭에 며칠 있지 못해 떠나게 되었으니, 어찌 민망한 일이 아니겠는가.

이때는 비가 많이 내리는 계절이라. 바람은 나부끼고 비는 내리어 길게 자란 풀들이 옷을 적시니 족히 애처롭지 아니한가. 마침내 어진 벗들이 멀리 있음을 돌아보고, 항상 다하지 않는 중에 있음을 바라노라. 이러한 까닭에 몇 행의 글을 써서 위안하며 이로써 알리노니 마음을 널리 열고 양지함이 어떠하리오. 돌아갈 기일은 초겨울이 될 것 같으니, 너무 애써 기다리지 말고 지극히 수도하여 좋은 날에 반갑게 만나기를 기다리라. 천번 만번 간절히 바라는 바이다.

동학의 의식

초기 동학의 의식을 확인할 수 있는 글들이다. 초기 동학에서는 재래의 유교 의식과 비슷한 종교의식을 행하였음을 알 수 있다. 그러나 2세 교주인 해월 최시형 대에 이르러, '향아설위(向我設位)'라든가, '청수일기(清水一器)' 등의 동학의 정신이 담긴 독자적인 종교의식이 제정된다.

포덕식(布德式), 입도식(入道式), 치체식(致祭式), 제수식(祭需式) 등의 종교의식에서 아직 정제되지 않은 동학의 모습을 볼 수 있다.

布德式

人有願入者 則先入者 傳道之時 正衣冠 禮以授之事

入道式

入道之時 或向東 或向北 設位 致誠行祀 焚香四拜後 以初入呪文敬以受之事

致祭式

入道後 致祭節次 設位 四拜後 讀祝 而卽誦降靈呪 及本呪文事

祭需式

設其醴酒餠麵 魚物果種 脯藿菜蔬 香燭用之 而以肉種論之 雉則例用 猪則或用 祭需之多小 隨其力行之也

先生布德之初 以牛羊猪肉 通用矣 至於癸亥八月 先生顧予 傳道之日 此道兼儒佛仙 三道之敎 故不用肉種事

포덕식(布德式) : 입도하고자 하는 사람이 있으면, 먼저 입도한 사람이 도를 전할 때에, 의관을 바르게 하고 예로써 도를 전해준다.

입도식(入道式) : 입도할 때에 혹은 동쪽을 향하거나 혹은 북쪽을 향하여 위(位)를 설하고, 정성으로 의식을 행하여, 분향하고 네 번 절한 후에 초입자의 주문으로써 공경이 받는다.

치제식(致祭式) : 입도한 이후 한울님께 치제하는 절차는 위를 설하고 네 번 절한 이후에 축문을 소리 내어 읽고 곧 강령주문 및 본주문을 읽는다.

제수식(祭需式) : 예주(醴酒)와 떡과 국수와 어물(魚物), 과일 종류, 포, 튀각, 채소, 향과 촉 등을 설하여 이를 쓰고, 고기 종류를 가지고 논하면, 꿩고기는 즉 쓰일 수 있고 돼지고기는 혹 쓰인다. 제수의 많고 적음보다는 그 힘써 정성껏 행하는 것에 따른다.

선생께서 포덕하시던 처음에는 소고기, 양고기, 돼지고기 등을 쓰셨지만, 계해년 8월에 선생께서 나(해월)에게 도를 전해 주시던 날에 이르러, 이 도는 유(儒), 불(佛), 선(仙) 삼도의 가르침을 겸한 것이기 때문에 고기 종류는 쓰지 말도록 당부하셨다.

발문
(跋文)

「발문」은 『동경대전(東經大全)』 발간 당시 교주 해월(海月) 최시형(崔時亨)이 쓴 글이다. 발간하게 된 동기나 경위를 간략하게 썼다.

동경대전 계미중춘판 발문(跋文)

於戱 先生布德當世 恐其聖德之有誤 及于癸未 親與時亨 常有鋟梓之敎 有志未就 越明年甲子 不幸之後 歲沉道微 迨將十八年之久矣 至於庚申 極念前日之敎命 謹與同志 發論詢約 以成剞劂之功矣 文多漏闕之歎 故自木川接中 燦然復刊 以著无極之經編 玆豈非慕先生之敎耶 敢以拙文 妄錄于篇末

歲在癸未仲春 道主 月城 崔時亨 謹誌

아, 아! 선생님께서 포덕을 하실 당세에 성덕(聖德)의 잘못이 있을 것을 염려하시어, 계해년에 이르러 친히 시형(時亨)과 더불어 항상 침재의 가르침이 있었다. 뜻은 있으나 이루지 못하다가, 그 다음 해인 갑자년의 불행한 일이 있은 후에, 세월은 침침하고 도는 미미해져 이로부터 18년이나 되었다. 경진년에 이르러 전날의 가르침을 지극히 생각하여 삼가 동지들과 더불어 논의를 하고 약조를 하여 기궐(剞劂)하는 공을 이루었다. 그러나 문(文)이 많이 빠진 탄식이 있는 까닭으로, 목천(木川)의 접중에서 찬연히 복간을 하여 이로써 무극의 경편을 펴내니, 이 어찌 선생님의 가르침을 흠모함이 아니겠는가. 감히 졸문으로 망녕되게 편의 끝에 글을 쓰노라.

계미년 중춘(仲春) 도주 월성 최시형 삼가 쓰다.

『동경대전』
해제

1.

동학교조 수운 최제우 선생은 제자들을 가르치기 위하여 많은 글을 지었다. 이 글들은 크게 두 종류로 나뉜다. 하나는 한문으로 된 글이고 다른 하나는 한글 가사체의 글이다.

수운 선생의 글들을 훗날 동학 2대 교주인 해월 최시형 선생이 두 권의 책으로 간행한다. 한문으로 된 글을 모아 '동경대전'이라는 표제를 붙여 출간했고, 한글 가사로 된 글을 모아 '용담유사'라는 표제를 붙여 목판으로 간행했다.

『동경대전』을 처음 간행한 것은 경진년(1880년) 6월로, 강원도 인제 갑둔리라는 산간 마을에 있는 제자 김현수의 집에서이다. 이렇듯 갑둔리에서 목판으로 『동경대전』을 처음 간행한 이후, 동학교단은 지속적으로 『동경대전』을 간행했다. 현재까지 발견되는 목판본과 목활자본은 대여섯 종이 된다. 최초로 간행된 인제판 『동경대전』은 아직 발견되지 않았다. 그러나 수 년 전 간기가 없는 목판본 『동경대전』이 발견되었는데, 필자는 이 목판본이 바로 인제에서 간행된 '경진판'이라고 고증한 바 있다. 아무튼 동학교단은 어려운 여건과 환경 속에서도 짧게는 3개월 만에, 길게는 5년의 간격을 두고 지속적으로 『동경대전』을 간행했다.

초기 동학교단에서 간행한 목판 또는 목활자본 『동경대전』의 체제는 크게 다르지 않으나, 내용에 가감이 있거나 서로 다른 부분도 있다. 필자가 경진판이라고 비정한 목판본(이하 '새 목판본')과 근년에 발견된 계미중춘판(1883년 봄)과 이미 학계에 보고된 계미중하판(1883년 여름), 무자계춘판(1888년 봄), 또 최근에 발견되었으나 아직 학계에 보고되지 않은 신묘중춘판(1891년 봄, 목활자본)과 임진판(1892년) 등을 비교해 보면 다음과 같다.

새 목판본	계미중춘판	계미중하판	무자계춘판	신묘중춘판	임진년판
포덕문	포덕문	포덕문	포덕문	포덕문	포덕문
동학론	논학문	논학문	논학문	논학문	논학문
수덕문	수덕문	수덕문	수덕문	수덕문	수덕문
불연기연	불연기연	불연기연	불연기연	불연기연	불연기연
탄도유심급	축 문	축 문	축 문	축 문	주 문
축 문	주 문	주 문	주 문	주 문	축 문
주 문	입춘시	입춘시	입춘시	강 시	절 구
강 시	절 구	절 구	절 구	입춘시	팔 절
좌 잠	강 시	강 시	강 시	절구 2수	결
팔 절	좌 잠	좌 잠	좌 잠	좌 잠	화결시
필 법	화결시	화결시	화결시	화결시	탄도유심급
화 결	탄도유심급	탄도유심급	탄도유심급	결	우 음
강 결	결	결	결	우 음	좌 잠
제 서	우 음	우 음	우 음	탄도유심급	영 소

시 부	팔 절	팔 절	팔 절	제 서	제 서
통 문	제 서	제 서	제 서	팔 절	입 춘
통 유	영 소	영 소	영 소절	영 소	필 법
	필 법	필 법	필 법	우 음 2	통 문
	통 문	유고음	유고음	필 법	통 유
	통 유	우 음 2	우 음 2	유고음	
	의 식	통 문	통 문	통 문	
	발 문	통 유	통 유	통 유	
		의 식	의 식		
		발 문	발 문		

새 목판본부터 임진판까지 다섯 종의 목판본과 한 종의 목활자본을 비교해 본 결과 그 체제는 서로 대동소이함을 알 수 있다.

즉 『동경대전』 중, 동학 · 천도교의 교의를 중점적으로 썼다고 평가를 받는 「포덕문」, 「논학문」, 「수덕문」, 「불연기연」 등 네 편은 어느 판본에서고 공통적으로 앞부분에 자리하고 있다. 이들 네 편이 『동경대전』의 중추이기 때문이다. 다만 새 목판본에서만 「논학문」을 「동학론」이라고 표기하였다. 「동학론」이라는 명칭은 초기 동학의 기록인 『도원기서』와 이 『도원기서』를 저본으로 삼아 수운 선생의 행적만을 기록한 것으로 추정되는 『수운행록』에서만 발견되는 이름이다. 따라서 「동학론」이라는 명칭은 초기 동학에서만 쓰였던 이름이며, 「논학문」의 다른 이름임을 알 수 있다.

각 판본의 편수를 비교해 보면, 가장 적은 것이 새 목판본이고,

가장 많은 것은 계미중하판과 무자계춘판이다. 목천에서 1883년 봄에 발간된 계미중춘판에는 「유고음」과 「우음 2」[1]가 실리지 않은데 비하여, 경주에서 1883년 여름에 발간된 계미중하판과 1888년 봄에 발간된 무자계춘판에는 이들 두 편이 추가되어 있다. 그러나 이들보다 더 늦은 시기인 1892년에 발간된 임진판에는 「강시」, 「유고음」, 「우음. 2」, 「의식」, 「발문」 등이 실려 있지 않다.

새 목판본이 언제 발간된 것인지 아직 정확하게 밝혀지지 않았기 때문에 그 시기를 거론하기는 어렵지만, 계미중하판이나 무자계춘판과 신묘중춘판, 임진판 등을 비교해 보면, 뒤에 나온 판본이 오히려 편수가 더 적다는, 납득하기 어려운 점도 있다.

다시 말해서 경진판 이후 처음 나온 계미중춘판에서는 「유고음」, 「우음 2」가 실려 있지 않은 데 비해, 이 판본보다 3개월 후에 나온 계미중하판과 5년 뒤에 나온 무자계춘판에는 이들 두 편이 실려 있다는 것은, 당시 동학교단의 지도부가 「유고음」, 「우음 2」 등 두 편을 새로 발견했거나, 수운 선생의 시로 새롭게 인정했다는 의미가 된다. 그러나 왜 이보다 늦게 발간된 임진판에는 이 두 편이 빠지게 되었는지 알 수 없다.

---

1 「우음」이라는 제목의 글이 두 편이 있다. 계미중춘판과 계미중하판에 실려 있는 또 다른 「우음」은 '風過雨過枝 風雨霜雪來 風雨霜雪過去後 一樹花發萬世春'이라는 짧은 시이다. 같은 제목의 시가 두 편이라 편의상 「우음. 2」라고 이름했다.

다만 임진판은 어떤 의미에서 매우 부실한 판본이다. 「화결시」 후반부 상당 부분과 「우음」 후반부 상당 부분이 판각에서 누락되어 붓으로 써 넣어 보충했다. 더욱이 임진판은 간행되었다는 역사 기록도 없고, 발문도 없어 어디에서 어떤 사람들에 의하여 발간이 되었는지를 알 수 없다.

또한 새로 발견된 신묘중춘판은 그 표제가 '동경집대전(東經集大全)'이고, 또 임진판 표제는 '성경대전(聖經大全)'이다. 즉 그 표제가 지금까지의 '동경대전'과 다르다.

이와 같이 각 판본들이 그 편제가 조금씩 다른 것과 함께, 내용에서도 각 판본별로 차이가 있다. 특히 「탄도유심급」 이후 부분은 그 차이가 심하다. 계미중춘판 이후 무자계춘판까지 일관되게 「탄도유심급」 뒤에 실려 있는 시문(詩文)이 임진판에는 실려 있지 않고, 이 판본보다 1년 앞서 나온 신묘중춘판에는 이 시문이 「영소」 끝부분에 첨부되어 있다.

「탄도유심급」 뒤에 이어 실려 있는 시문은 오언시(五言詩)인데, 내용상 네 부분으로 나눌 수 있다.[2] 또 그 형식과 내용이 「탄도유심급」과는 어느 의미에서 부합하지 않는다. 즉 「탄도유심급」은 그

---

2 첫째 편 '纔得一條路 步步涉險難 山外更見山 水外又逢水 幸渡水外水 僅越山外山 且到野廣處 始覺有大道', 둘째 편 '苦待春消息 春光終不來 非無春光好 不來卽非時 玆到當來節 不待自然來 春風吹去夜 萬木一時知', 셋째 편 '一日一花開 二日二花開 三百六十日 三百六十開 一身皆是花 一家都是春', 넷째 편 '甁中有仙酒 可活百萬人 釀出千年前 藏之備用處 無然一開封 臭散味亦薄 今我爲道者 守口如此甁' 등으로 나눌 수 있다.

내용이 한 주제로 일관하여 잘 짜여진 구성을 이루고 있다. 그런데 그 끝에 시문이 첨가되어 있어, 과연 이 시문들을 「탄도유심급」 의 연속 구절로 볼 수 있는가 의문시된다. 그러나 계미중춘판 이후 무자계춘판에 이르기까지 이들 시문들이 「탄도유심급」의 후반부에 이어져 있어, 마치 「탄도유심급」의 한 부분인 것처럼 되어 있다. 이와 같은 점 때문에 신묘중춘판에서는 같은 시문(詩文) 형식의 「영소」 후미에 첨부했다가, 임진판에서는 제외한 것이 아닌가 추정된다. 이후 동학을 천도교로 대고천하한 이후 처음 간행한 1907년도 활자본은 이 시문 부분이 빠진 상태로 편집 간행되었다.

위에서 살펴본 바와 같이 『동경대전』은 판을 거듭하면서 새로운 편들이 편입되기도 하고, 또는 다시 빠지기도 하였다. 이는 『동경대전』의 몇몇 내용들이 과연 수운 선생의 글이냐 아니냐 하는 논란이 동학 지도부에서 있었음을 시사해 주는 대목이라고 하겠다.

2.

『동경대전』은 수운 선생의 사상을 담은 글과 종교의식에 필요한 사항을 적은 글, 그리고 수도의 절차나 수도 요체를 담은 글, 또 시 형식으로 쓴 잠언과 같은 글이나 종교적 깨달음의 세계를 문학적으로 표현한 시들로 구성되어 있다. 이러한 『동경대전』의 내용을 첫째 동학의 요체를 담은 글, 둘째 수도나 종교적인 수행을 위한 글들, 셋째 종교적 깨달음을 표현한 시문(詩文) 등으로 나누어 살펴볼 수 있다.

동학의 요체를 담은 글들

『동경대전』 중 동학의 요체를 담은 글은 「포덕문(布德文)」, 「논학문(論學文)」, 「수덕문(修德文)」, 「불연기연(不然其然)」 등 네 편이다. 이 네 편은 『동경대전』의 종(宗)을 이루는 경편(經篇)이다.

「포덕문」은 동학이 창도된 다음 해인 신유년(辛酉年, 1861) 봄에 쓴 글이다. 「포덕문」은 구성상 몇 개 단락으로 나뉜다. 먼저 서장에는 우주 생성 이후 현세까지의 인류사를 도덕적인 측면에서 요약 기술하였다. 특히 현세는 도덕적인 타락이 극에 달하고, 동점(東漸)하는 서양 세력 때문에 우리나라는 크나 큰 위기에 직면했다고 진단하였다. 따라서 이러한 위기를 극복하고 새 세상을 이룩하는 근원적인 힘으로 동학이 출현해야 한다는, 동학 출현의 당위성이 이 부분에 제시되어 있다. 다시 말해서 이 「포덕문」 서장에서, 지금 세상은 성쇠의 이치에 따라 쇠운이 지극한 시대로, 필연적으로 다시 성운을 맞이할 시대이기도 하다는 점을 강조하는 것이다. 그러러한 배경 하에서 수운 선생은 한울님으로부터 세상을 구하고 새 세상을 열어갈 가르침인 무극대도(無極大道)를 받고, 이 가르침을 세상에 펴야 할 당위성을 「포덕문」을 통하여 강조하고 있다.

「포덕문」은 결국 성쇠의 이치에 따라, 지금 세상은 혼돈과 위기를 겪는 각자위심(各自爲心)의 세상이므로, 이를 극복하고 새로운 세상, 곧 '다시 개벽'의 세상을 맞이하기 위해서는 수운 선생이 한울님으로부터 받은 무극대도의 가르침과 한울님의 덕을 세상에 펴야 한다는 내용을 담고 있다.

「논학문」은 임술년(壬戌年, 1862) 1, 2월경에 쓰여진 글이다. 동학 초기 기록에는 '동학론(東學論)'이라는 이름으로도 나온다. 「논학문」은 신유년(1861) 겨울 관의 지목을 피하여 전라도 남원 외곽 교룡산성 안에 있는 작은 암자인 은적암에 머물면서 쓴 글이다.

수운 선생이 도를 받고 또 펴던 경주 용담을 떠나 은적암까지 오게 된 것은, 당시 경주부 관아와 영남 일대 유림들로부터 서학으로 오인되어 압박을 받았기 때문이라고 생각했다. 그러므로 수운 선생은 자신이 펴는 도가 서학과는 어떻게 다르며, 나아가 도의 본체가 무엇인가를 세상에 알리기 위하여, 「논학문」을 지은 것으로 보인다. 즉 수운 선생은 「논학문」에서 자신의 도가 서학이 아닌 동학인 까닭을 밝히고, 도의 본체를 밝히는 주문(呪文) 스물한 자를 일일이 해의하여 동학의 요체를 설명하였다.

「수덕문」은 임술년(1862) 6월 경주 근교에서 쓰여진 글이다. 「논학문」이 서학과의 비교를 통하여 동학의 본체를 밝혔다면, 「수덕문」은 유학과의 비교를 통하여 동학의 요체를 논하였다. 먼저 서장에서, 동양 사회가 오랫동안 성인과 현자의 가르침을 받아왔으며, 또 그들이 이루어 놓은 법도에 따라 질서를 지켜 왔음을 피력하였다. 나아가 이러한 동양 사회 또는 우리 전통사회를 유지시켜 온 유교 질서 속에 수운 선생도 대대로 살아왔음 강조하였다.

이것은 결국 수운 선생이 펴고 있는 '동학이라는 가르침'도 궁극적으로는 유교적 가르침에 위배되는 것이 아니라는 점을 강조하는 것이기도 하다. 즉 당시 관이나 유학자들이 지목하듯이, 정학(正學=性理學)에 반하는 가르침이 아니라는 점을 강변하는 것이다.

이는 그동안 동양 사회를 이끌던 선성(先聖)의 학문도 천도를 궁구하는 학이요, 수운 선생의 도 역시 천도라는 점에서 대동소이(大同小異)한 것이요, 이는 예나 지금이나 사람들이 행해야 할 도리이므로, 그 본질은 조금도 위배되는 것이 아니라는 의미이다. 나아가 수운 선생은 유교의 핵심인 인의예지(仁義禮智)가 올바르게 사람들의 내면에서 구현되고 또 세상에 실천되기 위해서는 자신의 가르침인 수심정기(守心正氣)가 갖춰져야 한다고 강조하였다. 즉 수심정기의 심법(心法), 수행법을 「수덕문」에서 천명하고 있는 것이다.

곧 「수덕문」은 수운 선생이 펴는 가르침이 동양의 정통 가르침인 유학과 상반되는 것이 아니며, 유학과 마찬가지로 세상 사람들이 행해야 할 정학임을 강조한 글이다. 또한 이러한 도가 실현되기 위해서 필요한 수행 요목과 규칙을 제시한 글이다.

「불연기연」은 수운 선생이 관에 체포되기 한 달 전인 계해년(癸亥年, 1863) 11월에 지은 글이다. 다시 말해서 수운 선생의 종교적인 가르침을 담은 네 편의 경편 중에서 가장 마지막에 지은 글이다. 이 글에서는 만유(萬有)에 대한 인식의 태도와 방법을 개진하였다. 수운 선생은 『용담유사』 「흥비가(興比歌)」에서, "이 글 보고 저 글 보고 무궁한 그 이치를 불연기연 살펴내어 부(賦)야 흥(興)야 비(比)해 보면 글도 역시 무궁이요 말도 역시 무궁이라 무궁히 살펴내어 무궁히 알았으면 무궁한 이 울 속에 무궁한 내 아닌가."라고 노래하여, 불연기연(不然其然)의 원리에 비추어 살피고, 나아가 그 본체를 바르게 볼 때 도의 근원을 깨달을 수 있다고 설파하였다. 즉 이치를 불연과 기연의 관계 위에서 살필 때에 비로소 그 진면목을 터득할 수 있고, 나아가 '나'라는 존재가 무궁한 이 울, 곧 우주 본체와 하나로서 무궁한 존재라는 것을 깨닫게 된다고 말하고 있다.

수운 선생이 말하는 '불연'과 '기연'은 무엇인가? 우주에 만물로 현현하는 현상과 그것의 근원이 되는 본질을 '기연'과 '불연'이으로 설명하고 있다. 즉 기연은 우리가 쉽게 이해하고 설명할 수 있는 이단자(易斷者)의 세계를 말하는 것이요, 불연은 그 사실의 원인과 원리를 규명하기 어려운 난필자(難必者)의 세계라고 설명한다. 이러한 기연의 세계와 불연의 세계가 만유에는 동시에 내재한다는 것이다. 따라서 겉으로 드러나는 현상계의 만물은 기연이고, 그 만물의 뿌리는 불연에 닿아 있으므로, 기연과 불연은 궁극적으로는 동일한 뿌리를 지니고 있는 것이고, 서로 같은 것이라고 할 수 있다.

수운 선생은 「불연기연」 장을 통하여 기연이라는, 만물의 드러난 측면만 볼 것이 아니라, 이 기연의 본질이 되는 불연을 궁구함으로써 만물의 본체를 올바르게 인식하고, 나아가 만물이 그 본원에서는 모두 같은 존재이며, 유한한 인간도 또 무궁한 한울님도 궁극적으로는 같은, "무궁한 이 울 속에 무궁한 나"라는 동학의 가르침, 즉 시천주(侍天主)의 본의를 각득할 것을 가르치고 있다.

종교적 수행을 위한 글

종교적인 수행을 위한 글 중 가장 우선하는 것이 바로 「주문(呪文)」이다. 「주문」은 수운 선생이 무극대도를 받는 결정적인 종교체험을 한 이후 거의 일 년 가까이 수련을 한 후에 지었다. 이 주문은 선생 주문과 제자 주문으로 나뉘어 있다. 또 제자 주문에는 초학주문이 따로 있다. 그러나 오늘날에는 선생 주문과 초학주문은 사용하지 않고, 다만 제자 주문만을 사용하고 있다.

「주문」은 곧 한울님을 지극히 위하는 글이다. 또한 이 「주문」은 동학의 차제도법(次第道法) 모두를 담고 있는 글이라고도 말한다. 따라서 이 주문은 동학의 종교적 수행에 가장 중요한 글이다.

「축문(祝文)」은 천제(天祭)를 지내거나, 입도식 또는 포덕식 등의 종교적인 의식을 행할 때에 읽기 위하여 지은 글이다. 언제 지었는 지 기록이 없다. 이 「축문」은 오늘날 「참회문(懺悔文)」으로 고쳐 수련을 할 때에 읽는다. 즉 「축문」 말미의 "今以吉朝良辰 淸潔道場 謹以淸酌 庶需 奉請尙饗" 부분을 "今以吉辰 淸潔道場 至誠至願 奉請感應"이라고 고쳐서 「참회문」으로 사용한다. 동학을 천도교로 대고천하(大告天下)한 후, 한울님께 제사를 지내는 의식 등이 바뀌게 되어 「축문」이 사용되지 않게 되자 「참회문」으로 바꾼 것이다.

「탄도유심급(歎道儒心急)」은 언제 어디에서 썼는지 기록이 없다. 어느 정도 포덕이 되자 제자들이 조급하게 도통이 되기를 바라기 때문에, 수운 선생이 그 조급함을 없애고 차분히 수련에 임하여 도가 현현되기를 기다리라는 가르침을 담아 지은 것이다. 즉 글의 서두에서 "산하의 큰 운이 모두 이 도로 돌아온다(山河大運 盡歸此道)"고 전제하여, 도유(道儒)들은 마음을 가다듬어 지극한 정성으로 오직 수련에 임할 것을 강조하였다. 특히 「탄도유심급」은 수련하는 사람들에게 긴요한 길잡이가 된다. 수련할 때의 자세 또는 마음가짐 등이 상세하고 실질적으로 담겨 있다.

「필법(筆法)」은 언제 지어졌다는 기록이 없다. 다만 수운 선생이 임술년(1862) 11월 흥해 매곡동에 머물면서 아동들에게 글씨 쓰기를 가르쳤다는 기록이 있고, 그 후 계해년(1863) 3월 9일에 용담으로 다시 돌아온 후, 필법의 조화가 있어 왕희지 같은 필체를 얻게 되었다는 기록이 있다. 「필법」은 이 무렵에 쓰여진 것이라 생각된다. 이 「필법」은 단순한 글씨 쓰는 방법이 아니라, 글씨 쓰기와 마음 공부, 종교적인 수행, 그와 관련된 국가의 운세에 관한 담론까지 상징적으로 담고 있다.

「좌잠(座箴)」은 수운 선생이 계해년(1863) 4월에 용담으로 찾아온 강수라는 제자가 수도의 절차를 물었을 때, 그 대답으로 지어준 시이다. 오언으로 된 이 시는 수련하는 사람의 좌우명이 될 잠언 같은 시라는 의미에서, '좌우명'의 '좌(座)'와 '잠언'의 '잠(箴)'의 두 자를 합해 '좌잠(座箴)'이라고 제목을 붙인 것으로 생각된다. 특히 이 시에는 한울님에 대한 '믿음(信)'과 이 믿음을 통하여 한울님의 뜻을 받들고 위하는 자세인 '공경(敬)', 또한 그것을 실행하는 자세로서의 '정성(誠)'이라는 수행 자세와 덕목을 담고 있다.

「팔절(八節)」은 「전팔절(前八節)」과 「후팔절(後八節)」로 이루어져 있다. 이중 「전팔절」은 수운 선생이 계해년(1863) 11월에 지은 것이다. 여덟 개의 절로 되어 있어 '팔절'이라고 이름한 것이다. 「팔절」은 신앙과 수련에 연관되는 명(明), 덕(德), 명(命), 도(道), 성(誠), 경(敬), 외(畏), 심(心) 등의 수도자가 갖추어야 할 덕목의 개념을 시 형식을 빌려 설명했다. 특히 이들은 수운 선생이 수행하며 체득하고 깨달은 바를 표현한 것이기 때문에 수련하는 사람에게 중요한 지침이 된다. 「전팔절」은 각 절이 먼저 개념에 대해 묻고 여기에 대답하는 형식으로 되어 있고, 「후팔절」은 앞 부분에서 개념을 제시하고 뒤에서 그 원인이나 까닭을 밝히는 형식으로 되어 있다.

종교적 깨달음을 표현한 시문(詩文)

『동경대전』에 실려 있는 시문들은 대체로 수행이나 깨달음을 노래한 시들이다. 특히 수운 선생이 득도 이전에 쓴 시에서부터 대구장대에서 참형을 당하기 바로 전, 대구 감영에서 쓴 시까지, 시문들은 수운 선생의 사상이나 동학의 수행 철학을 이해하는 데에 매우 중요한 자료가 된다.

「입춘시(立春詩)」는 수운 선생이 득도하기 전, 기미년(己未年, 1859) 울산에서 용담으로 돌아와 불출산외(不出山外)를 맹세하고 수련에 임하며, 경신년(庚申年) 입춘절을 맞아 쓴 시이다. 수운 선생이 울산에서 용담으로 돌아온 것은 수도에 더욱 정진하기 위해서이다. 특히 용담에서 수운 선생은 득도하지 못하면, 결코 세상에 나가지 않겠다는 굳은 결심을 하고, 제선(濟宣)이란 이름을 제우(濟愚)로 바꾸고 수련에 정진한다. 「입춘시」에는 이러한 수운 선생의, 도를 이루지 못하면 결코 세상에 나가지 않음은 물론 목숨까지 아끼지 않겠다는 굳은 결의가 담겨 있다.

이와 같이 짧은 시로 또 「강시(降詩)」와 「제서(題書)가 있다. 「강시」는 제목이 시사하는 바와 같이 한울님으로터 받은 가르침을 시화(詩化)한 것이다. 따라서 여기에는 예언적인 내용이 포함되어 있다. 「강시」는 계해년(癸亥年, 1863) 정월 초하루에 지었다. 이때는 특히 전년도인 임술년(壬戌年, 1862) 12월에 수운 선생이 직접 각처의 접주(接主)를 정해 준 직후이기도 하다. 따라서 이 시에는 신년에 임하는 수운 선생의 의지가 깃들어 있으며, 이 의지를 바탕으로 제자들에게 희망을 가지라는 당부도 함께 담고 있다.

또 「제서」는 계해년 11월에 쓴 시이다. 당시 영해, 영덕 일대에 풍습이 돌아, 도인들이 어려움을 겪게 되자, 영해 접주 박하선의 청을 받고 이 시를 써 주었다. 이 시를 읽은 뒤에 동학도인들의 풍습이 치유되었고, 또 더 이상 걸리지 않았다는 일화가 전한다.

「절구(絶句)」는 칠언 절구시 두 편이 합해진 시이다. 앞의 "河淸鳳鳴……" 부분은 수운 선생이 득도하고 7-8 개월 후에 쓴 것이고, 뒷부분 "龍潭水流……"의 시는 계해년 7월 23일 영덕에서 접주 임명을 끝내고 지은 시이다. 이 「절구」는 수운 선생이 한울님으로부터 무극대도를 받은 감회와, 이제 그 운수가 이내 올 것이라는 예언을 담은 시이며, 또한 뒷부분은 '용담(龍潭)'과 '구미산(龜尾山)'을 발원지로 하는 동학 천도가, 이제 온 세상에 펴져서 인류에게 광명을 주게 될 것이라는 의미가 깃든 시이다. 특히 수운 선생이 도를 조직적이고 효율적으로 펴기 위하여 접을 정하고, 각 접주에게 이 시를 써 줌으로써 희망을 고취시켜 주고 있다.

이와 다른 유형으로 「화결시(和訣詩)」, 「결(訣)」, 「우음(偶吟)」, 「영소(詠宵)」, 「유고음(流高吟)」 등의 시들이 있다. 이들은 모두 여러 편의 시가 합해져서 한 편을 이룬 시문들이다. 이들 시문은 일부분만 지어진 연대가 밝혀져 있다. 따라서 이들 시문은 한 제목 아래에 일관되게 쓴, 통일된 한편의 시문으로 간주하기는 어렵다.

「화결시」란 수운 선생이 한울님과 화답하며, 한울님으로부터 받은 결(訣)을 쓴 시이기 때문에 '화결(和訣)'이라고 제목을 붙였다. 따라서 이 시는 한시의 격(格)을 벗어 버린 파격의 시형을 취하고 있다. "方方谷谷行行盡"으로 시작하는 첫 구절은 수운 선생이 주유팔로(周遊八路)를 하던 시절이나, 용담을 떠나 전라도 은적암으로 가던 때에 쓴 시로 생각된다. 또 두 번째 "松松栢栢青青立" 구절은 임술년 11월 홍해 매곡동에 있는 손봉조의 집에 머물며 쓴 시로 수운 선생 자신의 송백 같은 지절을 노래한 시이다. 이 외의 구절들은 언제 어디에서 썼는지 기록이 남아 있지 않다. 다만 내용상 여러 편의 시가 「화결시」라는 제목 아래 묶여진 것으로 생각된다.

「결(訣)」은 수운 선생이 한울님으로부터 받은 비결(秘訣)이라는 의미가 담긴 제목의 시이다. 따라서 예언적이고 잠언적인 성격을 띠고 있다. 이 「결」도 수운 선생이 임술년 12월 홍해 손봉조의 집에서 처음 접주제를 정하고, 계해년 새해를 맞아 쓴 시이다. 그러므로 이 시에는 새로운 결의와 내일에의 희망이 담겨 있다.

「우음(偶吟)」과 「영소(詠宵)」는 모두 '노래한다'는 의미가 담긴 제목의 시다. 그러나 이 시들도 각각 하나의 시가 아니라, 여러 시문들을 한 제목 아래 모은 것이다. 또한 「유고음(流高吟)」은 이 시의 시작 부분 "高峰屹立"의 '높을 高'와 "流水不息"의 '흐를 流' 자를 따서 붙인 제목이다. 이 외에 「기타 시문」이 있다. 이 시는 본래 「탄도유심급(歎道儒心急)」 뒷부분에 있던 시문들인데, 후대에 『동경대전』을 복간하면서 독립시킨 것이다. 「기타 시문」은 수련하는 사람의 마음가짐이나 자세가 주요 내용으로 되어 있다.

이상과 같이 『동경대전』은 그 구성상 크게 문(文)과 시문(詩文)으로 되어 있고, 내용상으로는 첫째 도의 요체를 밝힌 글, 둘째 종교적인 수행을 위한 글, 셋째 종교적 깨달음이나 수행 방법을 시문 형식으로 쓴 시(詩) 등 세 부문으로 되어 있다.

3.

이 주해본 『동경대전』은 현재 발견된 판본 중 가장 오래된 계미중추판(1883년, 봄)을 저본으로 하였다. 본래 이 판본에는 「유고음」과 「우음 2」가 실려 있지 않는데, 계미중하판(1883년, 여름) 『동경대전』에서 취하였다. 해석은 그동안의 주해본과 달리 최대한 현대적으로 해석하였으며, 필요한 부분에 주석을 붙였다.

東經大全

[부록]

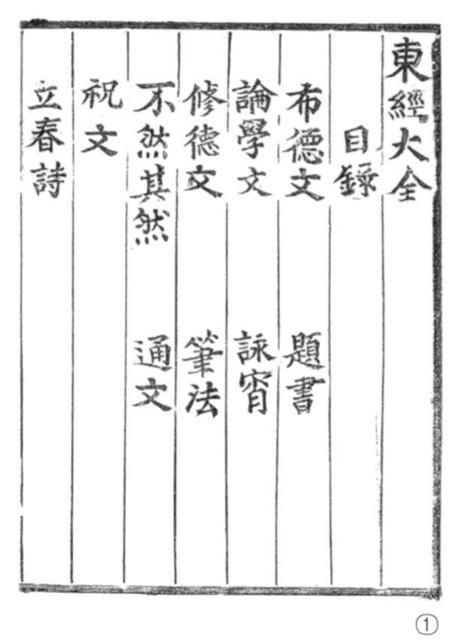
東經大全
目錄
布德文　題書
論學文　詠宵
修德文　筆法
不然其然　通文
祝文
立春詩

①

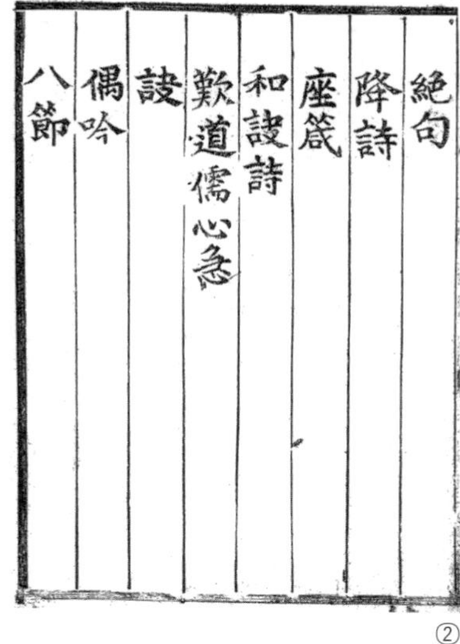
絶句
降詩
座箴
和訣詩
歎道儒心急
訣
偶吟
八節

②

布德文
盖自上古以來春秋迭代四時盛
衰不遷不易是亦 天主造化之
迹昭然于天下也愚夫愚民未知
雨露之澤知其無爲而化矣自五
帝之後聖人以生日月星辰天地
度數成出文卷而以定天道之常
然一動一靜一盛一敗付之於天

③

命是敬天命而順天理者也故人
成君子學成道德道則天道德則
天德明其道而修其德故乃成君
子至於至聖豈不欽歎哉又此挽
近以來一世之人各自爲心不順
天理不顧天命心常悚然莫知所
向矣至於庚申傳聞西洋之人以
爲 天主之意不取富貴攻取天

④

下立其堂行其道故吾亦有其然
豈其然之疑不意四月心寒身戰
疾不得執症言不得難狀之際有
何仙語忽入耳中驚起探問則曰
勿懼勿恐世人謂我 上帝汝不
知 上帝耶問其所然曰余亦無
功故生汝世間教人此法勿疑勿
疑曰然則西道以教人乎曰不然

①

吾有靈符其名仙藥其形太極又
形弓弓受我此符濟人疾病受我
呪文教人爲我則汝亦長生布德
天下矣吾亦感其言受其符書以
吞服則潤身差病方乃知仙藥矣
到此用病則或有差不差故莫知
其端察其所然則誠之又誠至爲
天主者每每有中不順道德者一

②

一無驗此非受人之誠敬耶是故
我國惡疾滿世民無四時之安是
亦傷害之數也西洋戰勝攻取無
事不成而天下盡滅亦不無脣亡
之歎輔國安民計將安出惜哉於
今世人未知時運聞我斯言則入
則心非出則巷議不順道德甚可
畏也賢者聞之其或不然而吾將

③

慨歎世則無奈忿畧記出諭以示
之敬受此書欽哉訓辭

④

論學文

夫天道者如無形而有迹地理者
如廣大而有方者也故天有九星
以應九州地有八方以應八卦而
有盈虛迭代之數無動靜變易之
理陰陽相均雖百千萬物化出於
其中獨惟人最靈者也故定三才
之理出五行之數五行者何也天

①

爲五行之綱地爲五行之質人爲
五行之氣天地人三才之數於斯
可見矣四時盛衰風露霜雪不失
其時不變其序如露蒼生莫知其
端或云 天主之恩或云化工之
跡然而以恩言之惟爲不見之事
以工言之亦爲難狀之言何者於
古及今其中未必者也夫庚申之

②

年建巳之月天下紛亂民心淆薄
莫知所向之地又有怪違之說崩
騰于世間西洋之人道成立德及
其造化無事不成攻鬪干戈無人
在前中國燒滅豈可無脣亡之患
耶都緣無他斯人道稱西道學稱
天主教則聖教此非知天時而受
天命耶擧此一一不已故吾亦悚

③

然只有恨生晩之際身多戰寒外
有接靈之氣內有降話之教視之
不見聽之不聞心尙怪訝修心正
氣而問曰何爲若然也曰吾心卽
汝心也人何知之知天地而無知
鬼神鬼神者吾也及汝无窮无窮
之道修而煉之制其文教人正其
法布德則令汝長生昭然于天下

④

矣吾亦幾至一歲修而度之則亦
不无自然之理故一以作呪文一
以作降靈之法一以作不忘之詞
次第道法猶爲二十一字而已轉
至辛酉四方賢士進我而問曰今
天靈降臨 先生何爲其然也曰
受其无往不復之理曰然則何道
以名之曰天道也曰與洋道無異

①

者乎曰洋學如斯而有異如呪而
無實然而運則一也道則同也理
則非也曰何爲其然也曰吾道無
爲而化矣守其心正其氣率其性
受其敎化出於自然之中也西人
言無次第書無皂白而頓無爲
天主之端只祝自爲身之謀身无
氣化之神學無 天主之敎有形

②

無迹如思無呪道近虛無學非
天主豈可謂無異者乎曰同道言
之則名其西學也曰不然吾亦生
於東受於東道雖天道學則東學
況地分東西西何謂東東何謂西
孔子生於魯風於鄒鄒魯之風傳
遺於斯世吾道受於斯布於斯豈
可謂以西名之者乎曰呪文之意

③

何也曰至爲 天主之字故以呪
言之今文有古文有曰降靈之文
何爲其然也曰至者極焉之爲至
氣者虛靈蒼蒼無事不涉無事不
命然而如形而難狀如聞而難見
是亦渾元之一氣也今至者於斯
入道知其氣接者也願爲者請祝
之意也大降者氣化之願也侍者

④

內有神靈外有氣化一世之人各
知不移者也主者稱其尊而與父
母同事者也造化者無爲而化也
定者合其德定其心也永世者人
之平生也不忘者存想之意也萬
事者數之多也知者知其道而受
其知也故明明其德念念不忘則
至化至氣至於至聖曰天心卽人

①

心則何有善惡也曰命其人貴賤
之殊定其人苦樂之理然而君子
之德氣有正而心有定故與天地
合其德小人之德氣不正而心有
移故與天地違其命此非盛衰之
理耶曰一世之人何不敬　天主
也曰臨死號天人之常情而命乃
在天天生萬民古之聖人之所謂

②

而尙今彌留然而似然非然之間
未知詳然之故也曰毁道者何也
曰猶或可也曰何以可也曰吾道
今不聞古不聞之事今不比古不
比之法也修者如虛而有實聞者
如實而有虛也曰反道而歸者何
也曰斯人者不足擧論也曰胡不
擧論也曰敬而遠之曰前何心而

③

後何心也曰草上之風也曰然則
何以降靈也曰不擇善惡也曰無
害無德耶曰堯舜之世民皆爲堯
舜斯世之運與世同歸有害有德
在於　天主不在於我也一一究
心則害及其身未詳知之然而斯
人享福不可使聞於他人非君之
所問也非我之所關也嗚呼噫噫

④

諸君之問道何若是明明也雖我
拙文未及於精義正宗然而矯其
人修其身養其才正其心豈可有
歧貳之端乎凡天地无窮之數道
之無極之理皆載此書惟我諸君
敬受此書以助聖德於我比之則
怳若甘受和白受采吾今樂道不
勝欽歎故論而言之諭而示之明

①

而察之不失玄機

②

修德文

元亨利貞天道之常惟一執中人
事之察故生而知之夫子之聖質
學而知之先儒之相傳雖有困而
得之淺見薄識皆由於吾師之盛
德不失於先王之古禮余出自東
方無了度日僅保家聲未免寒士
先祖之忠義節有餘於龍山吾王

③

之盛德歲復回於壬丙若是餘蔭
不絶如流家君出世名蓋一道無
不士林之共知德承六世豈非子
孫之餘慶噫學士之平生光陰之
春夢年至四十工知芭籬之邊物
心無青雲之大道一以作歸去來
之辭一以詠覺非是之句携筇理
履怳若處士之行山高水長莫非

④

先生之風龜尾之奇峯怪石月城
金鰲之北龍湫之清潭寶溪古都
馬龍之西園中桃花恐知漁子之
舟屋前滄波意在太公之釣檻臨
池塘無違濂溪之志亭號龍潭豈
非慕葛之心難禁歲月之如流哀
臨一日之化仙孤我一命年至二
八何以知之無異童子先考平生

①

之事業無痕於火中子孫不肖之
餘恨落心於世間豈不痛哉豈不
惜哉心有家庭之業安知稼穡之
役書無工課之篤意墜青雲之地
家産漸衰未知末稍之如何年光
漸益可歎身勢之將拙料難八字
又有寒飢之慮念來四十豈無不
成之歎巢穴未定誰云天地之廣

②

大所業交違自憐一身之難藏自
是由來擺脫世間之紛撓責去胥
海之弸結龍潭古舍家嚴之丈席
東都新府惟我之故鄉率妻子還
棲之日己未之十月乘其運道受
之節庚申之四月是亦夢寐之事
難狀之言察其易卦大定之數審
誦三代敬天之理於是乎惟知先

③

儒之從命自歎後學之忘却修而
煉之莫非自然覺來夫子之道則
一理之所定也論其惟我之道則
大同而小異也去其疑訝則事理
之常然察其古今則人事之所爲
不意布德之心極念致誠之端然
而獨留更逢辛酉時維六月序屬
三夏良朋滿座先定其法賢士問

④

我又勸布德胷藏不死之藥弓乙
其形口誦長生之呪三七其字開
門納客其數其然肆筵設法其味
其如冠子進退悅若有三千之班
童子拜拱倚然有六七之詠年高
於我是亦子貢之禮歌詠而舞豈
非仲尼之蹈仁義禮智先聖之所
教修心正氣惟我之更定一番致

①

癸永侍之重盟萬惑罷去守誠之
故也衣冠正齊君子之行路食手
後賤夫之事道家不食一四足之
惡肉陽身所害又寒泉之急坐有
夫女之防塞國大典之所禁卧高
聲之誦呪我誠道之太慢然而肆
之是爲之則美哉吾道之行投筆
成字人亦疑王羲之跡開口唱韻

②

孰不服樵夫之前懺咎斯人慾不
及石氏之貲極誠其兒更不羨司
曠之聰容貌之幻態意仙風之吹
臨宿病之自效忘盧醫之良名雖
然道成德立在誠在人或聞流言
而修之或聞流呪而誦焉豈不非
哉敢不惘然憧憧我思靡日不切
彬彬聖德或恐有誤是亦不面之

③

致也多數之故也遠方照應而亦
不堪相思之懷近欲敍情而必不
無指目之嫌故作此章布以示之
賢我諸君愼聽吾言大抵此道心
信爲誠以信爲幻人而言之言之
其中曰可曰否取可退否再思心
定定之後言不信曰信如斯修之
乃成其誠誠與信兮其則不遠人

④

言以成先信後誠吾今明諭豈非
信言敬以誠之無違訓辭

不然其然

歌曰而千古之萬物兮各有成各
有形所見以論之則其然而似然
所自以度之則其遠而甚遠是亦
杳然之事難測之言我思我則父
母在玆後思後則子孫存彼來世

①

而比之則理無異於我思我去世
而尋之則惑難分於人爲人噫如
斯之忖度兮由其然而看之則其
然如其然探不然而思之則不然
于不然何者太古兮　天皇氏豈
爲人豈爲王斯人之無根兮胡不
曰不然也世間孰能無父母之人
考其先則其然其然又其然之故

②

也然而爲世作之君作之師君者
以法造之師者以禮敎之君無傳
位之君而法綱何受師無受訓之
師而禮義安效不知也不知也生
以知之而然耶無爲化也而然耶
以知而言之心在於暗暗之中以
化而言之理遠於茫茫之間夫如
是則不知不然故不曰不然乃知

③

其然故乃恃其然者也於是而揣
其末究其本則物爲物理爲理之
大業幾遠矣哉况又斯世之人兮
胡無知胡無知數定之幾年兮運
自來而復之古今之不變兮豈謂
運豈謂復於萬物之不然兮數之
而明之記之而鑑之四時之有序
兮胡爲然胡爲然山上之有水兮

④

其可然其可然赤子之穉穉兮不
言知夫父母胡無知胡無知斯世
人兮胡無知聖人之以生兮河一
清千年運自來而復歟水自知而
變歟耕牛之聞言兮如有心如有
知以力之足爲兮何以苦何以死
烏子之反哺兮彼亦知夫孝悌玄
鳥之知主兮貧亦歸貧亦歸是故

①

難必者不然易斷者其然比之於
究其遠則不然不然又不然之事
付之於造物者則其然其然又其
然之理哉

②

祝文

生居朝鮮忝處人倫　叩感
天地盖載之恩荷蒙日月照臨之
德未曉歸眞之路久沉苦海心
多忘失今玆聖世道覺　先生
懺悔從前之過願隨一切之善
永　侍不忘道有心學幾至修
煉今以吉朝良辰淨潔道場謹

③

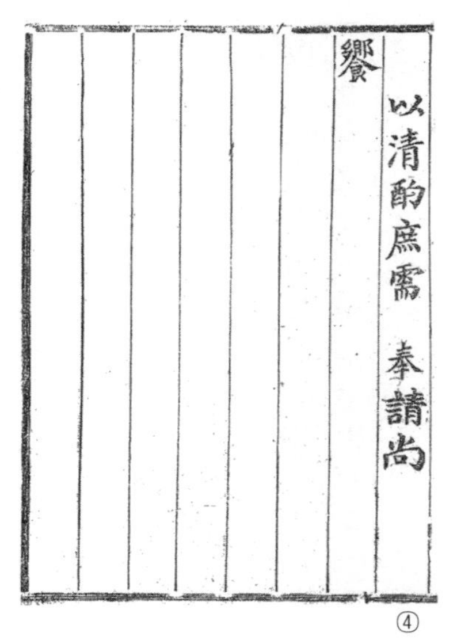
以清酌庶需　奉請尚
饗

④

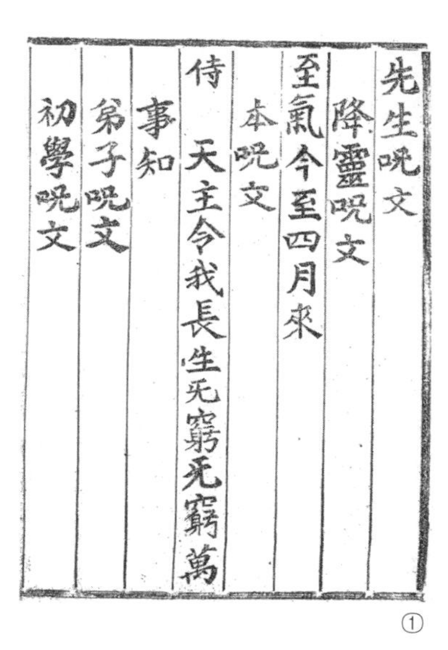
先生呪文
降靈呪文
至氣今至四月來
本呪文
侍 天主令我長生无窮无窮萬
事知
弟子呪文
初學呪文

①

爲 天主顧我情永世不忘萬事
宜
降靈呪文
至氣今至願爲大 降
本呪文
侍 天主造化定永世不忘萬事
知

②

立春詩
道氣長存邪不入世間衆人不同
歸
絶句
河清鳳鳴孰能知運自何方吾不
知平生受命千年運聖德家承百
世業龍潭水流四海源龜岳春回
一世花

③

降詩
圖來三七字降盡世間魔
座箴
吾道博而約不用多言義別無他
道理誠敬信三字這裏做工夫透
後方可知不怕塵念起惟恐覺來
知
和訣詩

④

方方谷谷行行盡水水山山箇箇
知松松栢柏青青立枝枝葉葉萬
萬節老鶴生子布天下飛來飛去
慕仰極運兮運兮得否時云時云
覺者鳳兮鳳兮賢者河兮河兮聖
人春宮桃李夭夭兮智士男兒樂
樂哉萬壑千峯高高兮一登二登
小小吟明明其運各各明同同學

①

味念念同萬年枝上花千朶四海
雲中月一鑑登樓人如鶴背仙泛
舟馬若天上龍人無孔子意如同
書非萬卷志能大
片片飛飛兮紅花之紅耶枝枝發
發兮綠樹之綠耶霏霏紛紛兮白
雪之白耶浩浩茫茫兮清江之清
耶泛泛桂棹兮波不興沙十里路

②

路遊閒談兮月山東風北時恭山
之峙峙兮夫子登臨何時清風之
徐徐兮五柳先生覺非清江之浩
浩兮蘇子與客風流池塘之深深
兮是濂溪之所樂綠竹之綠綠兮
爲君子之非俗青松之青青兮洗
耳處士爲友明月之明明兮曰太
白之所抱耳得爲聲目色盡是閒

③

談古今
萬里白雪紛紛兮千山歸鳥飛飛
絶東山欲登明明兮西峯何事遮
遮路
歎道儒心急
山河大運盡歸此道其源極深其
理甚遠固我心柱乃知道味一念
在茲萬事如意消除濁氣兒養淑

④

氣非徒心至惟在正心隱隱聰明
仙出自然來頭百事同歸一理他
人細過勿論我心我心小慧以施
於人知斯大道勿誠小事臨勳盡
料自然有助風雲大手隨其器局
玄機不露勿為心急功成他日好
作仙緣心兮本虛應物無迹心修
來而知德德惟明而是道在德不

①

在於人在信不在於工在近不在
於遠在誠不在於求不然而其然
似遠而非遠
纔得一條路步步涉險難山外更
見山水外又逢水幸渡水外水僅
越山外山且到野廣處始覺有大
道皆待春消息春光終不來非無
春光好不來即非時玆到當來節

②

不待自然來春風吹去夜萬木一
時知
一日一花開二日二花開三百六
十日三百六十開一身皆是花一
家都是春
瓶中有仙酒可活百萬人釀出千
年前藏之備用處無然一開封臭
散味亦薄今我爲道者守口如此

③

瓶
詖
問道今日何所知意在新元癸亥
年成功幾時又作時莫爲恨晚其
爲然時有其時恨奈何新朝唱韻
待好風去歲西北靈友尋後知吾
家此日期春來消息應有知地上
神仙聞爲近此日此時靈友會大

④

道其中不知心
偶吟
南辰圓滿北河回大道如天脫劫
灰鏡投萬里眸先覺月上三更意
忽開何人得雨能人活一世從風
任去來百疊塵埃吾欲滌飄然騎
鶴向仙臺清宵月明無他意好笑
好言古來風人生世間有何得問

①

道今日授與受有理其中姑未覺
志在賢門必我同天生萬民道又
生各有氣像吾不知通于肺腑無
違志大小事間疑不在馬上寒食
非故地欲歸吾家友昔事義與信
兮又禮智兀作吾君一會中來人
去人又何時同坐閑談願上才世
來消息又不知其然非然間欲先

②

雲捲西山諸益會善不處卞名不
秀何來此地好相見談且書之意
益深不是心泛久不此又作他鄉
賢友看鹿失秦庭吾何羣鳳鳴周
室爾應知
不見天下聞九州空使男兒心上
遊聽流覺非洞庭湖坐榻疑在岳
陽樓吾心極思杳然間疑隨太陽

③

流照影
八節
不知明之所在遠不求而修我不
知德之所在料吾身之化生不知
命之所在顧吾心之明明不知道
之所在度吾信之一如不知誠之
所致數吾心之不失不知敬之所
爲暫不弛於慕仰不知畏之所爲

④

念至公之無私不知心之得失察
用處之公私
又
不知明之所在送余心於其地不
知德之所在欲言浩而難言不知
命之所在理杳然於授受不知道
之所在我爲我而非他不知誠之
所致是自知而自怠不知敬之所

①

爲恐吾心之悟昧不知畏之所爲
無罪地而知罪不知心之得失在
今息而昨非
題書
得難求難實是非難心和氣和以
待春和
詠宵
也蒭俗娥翻覆態一生高明廣漠

②

殿此心惟有清風知送白雲使藏
玉面蓮花倒水魚爲蝶月色入海
雲亦地杜鵑花笑杜鵑啼鳳凰臺
役鳳凰遊白鷺渡江乘影去皓月
欲遊鞭雲飛魚變成龍潭有魚風
導林虎敲從風風來有迹去無跡
月前顧後每是前烟遮去路踏無
跡雲加峯上尺不高山在人多不

③

曰仙十爲皆丁未謂軍月夜溪后
去雲數風庭花枝舞蝴尺人八旁
中風出外舟行岸頭山來水
花扉自開春風采竹籬輝踈秋月
去影沉綠水衣無濕鏡對佳人語
不和仍水脫乘義利龍問門犯虎
邦無樹
半月山頭梳傾蓮水面扇

④

烟鎖池塘柳燈增海棹鉤
燈明水上無嫌隙柱似枯形力有
餘

筆法

修而成於筆法其理在於一心象
吾國之木局數不失於三絶生於
斯得於斯故以爲先東方愛人心
之不同無裏表於作制安心正氣

①

始畫萬法在於一點前期柔於筆
毫磨墨數斗可也擇紙厚而成字
法有違於大小先始威而主正形
如泰山層巖

②

通文

右文爲通諭事當初教人之意病
人勿藥自效小兒得筆輔聰化善
其中豈非世美之事耶已過數年
吾無禍生之疑不意受辱於治賊
之下者此何厄也是所謂難禁者
惡言不施者善行若此不已則無
根說話去益搆捏末流之禍不知

③

至於何境況此若是善道同歸於
西夷之學切非羞恥之事耶何以
叅禮義之鄉何以忝吾家之業乎
自此以後雖親戚之病勿爲教人
而曾者傳道之人窮查極覓通于
此意盡爲棄道更無受辱之弊故
玆明數行書布以示之千萬幸甚

通諭

④

壹旡通諭之事而二有不然之端
故三有不得已之行四有不忍情
之書千萬淚量無書中一失施行
如何前歲仲冬之行本非遊江上
之清風與山間之明月察其世道
之乖常惟其指目之嫌修其旡極
之大道惜其布德之心歲搜月踰
幾至五朔入境之初意只在此山

①

客不知雲濼之處童應措採藥之
行一以助工課之懈弛一以聞家
事之否安心有消遣之意此日之
光景露蹤於三岐邂名於一世人
心不知我心之故耶當初不善處
下之故耶各處諸益或有事而來
或無事而從聞風而來者半學論
而處者半客亦自知其一主會不

②

知其縠此將奈何如許窮山貪谷
饗賓之道都不過一二三家而已
宅若處多則其或不然而產若饒
居則窟中有樂然而况此若然之
中老人以詩而心動少年以禮而
強挽何者以詩心動都非心動學
勸拱扶之心也以禮強挽不啻強
挽難忍謀忠之誼也主人孰能無

③

子貢之心從客亦誤知孟嘗之禮
豈不歎哉豈不惜哉雖有裴度之
資吾不堪吾事雖有百結之憂人
亦怠人事若此不已則末由不知
何境故不日發程豈非憫然之事
耶當此潦兩之節揚風洒雨於長
衣添不足惜也竟顧良朋之懸望
恒在不已之中故玆以數行書慰

④

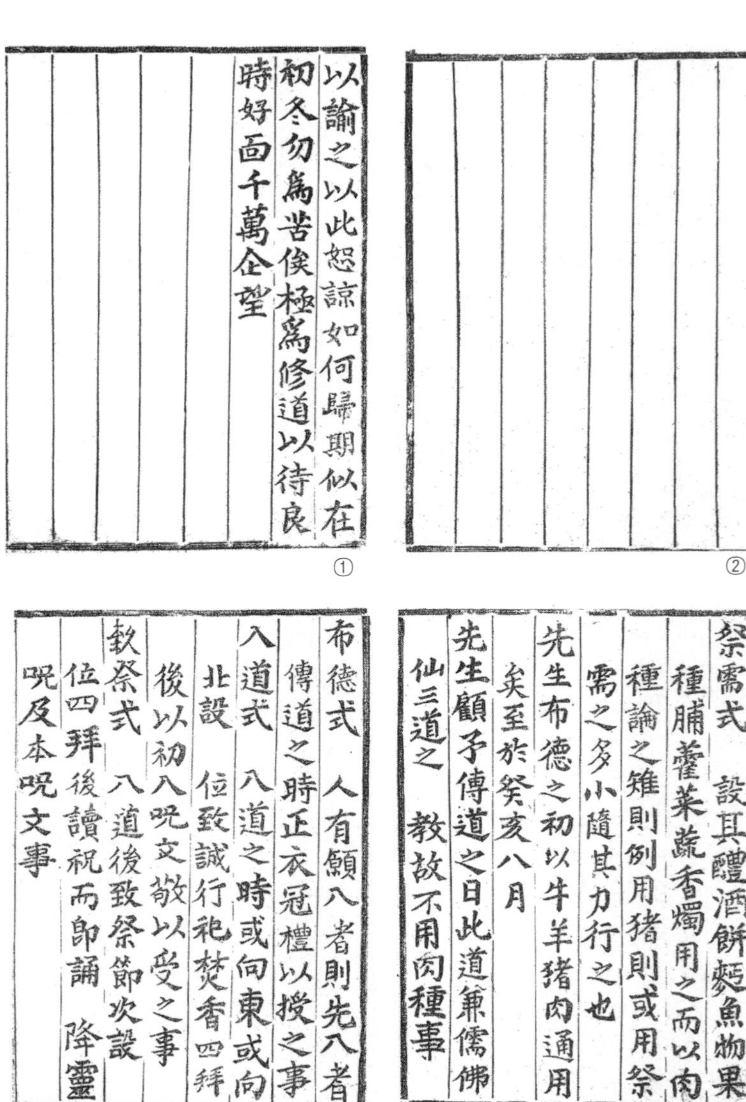
①

以諭之以此恕諒如何歸期似在
初冬切爲苦俟極爲修道以待良
時好面千萬企望

②

③

布德式 人有願入者則先入者
傳道之時正衣冠禮以授之事
入道式 入道之時或向東或向
北設 位致誠行祀焚香四拜
後以初入呪文敬以受之事
執祭式 入道後致祭節次設
位四拜後讀祝而卽誦 降靈
呪及本呪文事

④

祭需式 設其醴酒餅麪魚物果
種脯藿菜蔬香燭用之而以肉
種論之雉則例用猪則或用祭
需之多小隨其力行之也
先生布德之初以牛羊猪肉通用
矣至於癸亥八月
先生顧予傳道之日此道兼儒佛
仙三道之 教故不用肉種事

於戲 先生布德當世恐其聖德
之有誤及于癸亥親與時亨常有
鋟梓之 教有志未就越明年甲
子不幸之後歲況道微迨將十八
年之久矣至於庚辰極念前日之
教命謹與同志發論詢約以成剞
劂之功矣文多漏闕之歎故自木
川接中燦然復刋以著无極之經

①

編玆豈非慕 先生之 教耶敢
以拙文妄錄于篇末

歲在癸未仲春道主月城
崔時亨謹誌

天原郡木川面寒泉
金燦菴

②

癸未仲春
北接重刊

③

東經大全終

④

동학네오클래식 01
동경대전

등록 1994.7.1 제1-1071
1쇄 발행 2014년 5월 15일
4쇄 발행 2025년 2월 15일

역 주 윤석산
펴낸이 박길수
편집인 소경희
편 집 조영준
관 리 위현정
디자인 이주향
펴낸곳 도서출판 모시는사람들
03147 서울시 종로구 삼일대로 457(경운동 수운회관) 1306호
전 화 02-735-7173 / 팩스 02-730-7173
홈페이지 http://www.mosinsaram.com/

인 쇄 피오디북(031-955-8100)
배 본 문화유통북스(031-937-6100)

값은 뒤표지에 있습니다.
ISBN 978-89-97472-66-6 04250
SET 978-89-97472-22-2 04250